KB235382

중국, 차이를 알면 열린다

중국, 차이를 알면 열린다

China, know the Difference!

중국, 차이를 알면 열린다

초판 1쇄 인쇄   2011년 11월 25일
초판 1쇄 발행   2011년 11월 30일

지은이   김영호
펴낸이   신민식

외부 편집   김영호
편집   김미란 황남상
디자인   정미진
마케팅   임우열 계소영

펴낸곳   가디언
출판등록   2010년 4월 27일
주소   서울시 마포구 서교동 394-66 동우빌딩 3층
대표전화   02-332-4103
팩스   02-332-4111
전자우편   gadian7@naver.com   블로그 http://blog.naver.com/gadian7
인쇄·제본   (주)상지사P&B   출력 경운출력   종이 월드페이퍼(주)

ISBN 978-89-94909-22-6 13320

* 책값은 뒤표지에 있습니다.
* 잘못된 책은 구입한 곳에서 바꿔드립니다.
* 이 책의 전부 또는 일부 내용을 재사용하려면 사전에 가디언의 동의를 받아야 합니다.

중국, 차이를 알면 열린다

김영호 지음

가디언

★ 오랜 기간 중국에서 머물고 있던 한 선배의 이야기가 떠오른다.

"중국은 정말 묘한 나라입니다. 한번 빠지면 헤어 나오기 힘듭니다. 김영호씨도 평생 중국에서 헤어 나오기 힘들 겁니다."

그 선배의 말은 정확했다. 내게 중국은 시간이 갈수록 그리움의 대상이었다. 나는 1992년 한중 수교와 함께 중국과 인연을 맺었다. 내가 베이징대학교에 입학했을 무렵, 중국은 방금 잠에서 깬 사자라고나 할까. 사회는 폐쇄적이고 학교교육은 낡은 정치적 이념으로 가득 차 있었다. 베이징은 말 그대로 표정 없는 도시였다.

그러나 지금의 중국은 어떠한가. G2의 위상으로 세계를 호령하는 늠름한 사자가 되었다. 외교, 경제, 군사, 자원 등 모든 측면에서 으르렁대고 있다. 바로 그 옆에 우리 대한민국이 있다. 그런 중국은 대외의존도가 매우 높은 우리 경제의 제1의 교역 상대국으로 버티고 있다.

나는 중국의 변화에 따라 한국에 미래가 바뀔 수 있다고 생각한다. 물론, 우리의 변화에 따라 중국의 미래도 바뀔 수도 있겠지만 말이다. 따라서 우리는 중국의 급속한 성장과 변화에 더욱 철저하게 대비해야 할 필요가 있다. 나는 지난 20여 년간 다양한 중국을 지켜보고 지속적으로 교류해왔다. 나보다 더 뛰어난 중국전문가가 많이 있을 줄 알지만 그동안 내가 알고 있는 중국이야기를 솔직하고 쉽게 책 한 권에 담아볼 생각을 해왔다.

'중국, 차이를 알면 열린다'는 한국과 중국의 다양한 민족성, 한국인과 중국인의 특성, 한국 문화와 중국문화의 차이 그리고 두 나라 간의 비즈니스에서 나타나는 크고 작은 다양한 문제를 중점적으로 다루고 있다.

나는 이 책을 통해서 독자들이 중국과 좀 더 많은 교류를 하고 중국이 대한민국의 좋은 우방이 되길 기원한다. 한국과 중국의 다양한 차이는 어제 오늘의 일이 아니다. 겉으로 드러나는 차이도 중요하지만 잘 드러나지 않는 그들만의 독특한 차이를 이해하고 인정하면서 접근했을 때 그들은 진정으로 마음을 열게 될 것이다.

이 책을 쓰면서 많은 분들을 생각해 보았다. 우선, 나를 중국으로 유학을 보내 다양한 경험을 가능하게 해준 아버지, 어머니께 감사드린다. 또 나와 함께 밤샘하며 원고 교열을 도와준 아내와 항상 많은 도움을 주는 가족에게도 고마움을 전한다. 또한 베이징대학교 동문인 김보형 변호사와 강광문 교수, 베이징대 기숙사에서 함께 동고동락 했던 선배 남종호 교수를 비롯한 모든 베이징대 한국 동문들에게 감사를 전한다. 또한 항상 나를 격려해주는 서대문구 민주당 당원들과 화교 선후배에게도 감사를 드린다. 기꺼이 출판에 응해준 가디언 출판사 신민식 대표, 내게 자문 역할을 해준 동명인 김영호 선생, 유혜원 님에게도 감사의 마음을 전한다.

Contents

03 차이나 드림을 성공시키는 비즈니스 전략

China,
Know the
Difference!

01

자유분방한 중국?
여전히 사회주의 국가

중국이란 나라는
과연 대한민국과 어떤 관계의
나라인가?
앞으로 어떤 영향을 줄 것인가?
어느새 세계를 호령하고 있는
그들을
우리는 어떻게 바라보고
대처해야 하는가?

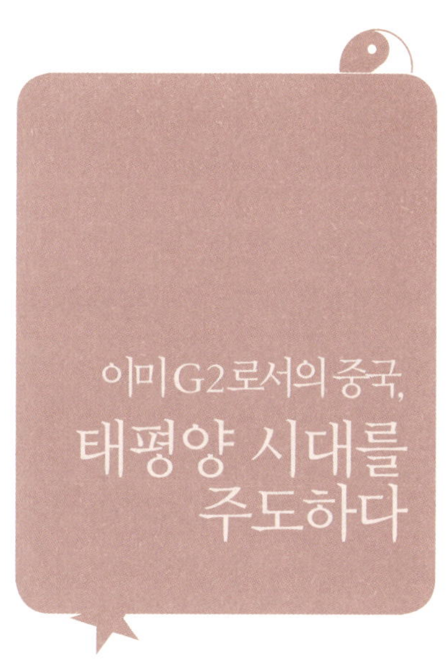

★ 세계는 20여 년 동안 팍스 아메리카나(Pax Americana)에 의해 움직였다. 하지만 곳곳에서 서서히 그 영향력이 줄어드는 것이 감지되고 있다. 특히 동북아시아에서의 패권이라는 측면에서 날로 확대되어가는 중국의 위상을 보면 더욱 그렇다. 이미 세계 경제의 축이 대서양에서 태평양으로의 바뀌고 있고 중국이 그 중심축에 있음은 명명백백하다.

이처럼 국제 질서가 과도기에 접어들었을 때 주변 강대국에 둘러싸인 우리나라의 경우 꼭 기억해야 할 것이 있다. 어느 특정 국가에 지나치게 의존해서는 안 된다는 점이다. 한반도는 지정학적으로 중국과 일본, 러시아 그리고 태평양의 한 축인 미국과 연결되어 있다. 대한민국을 중심으로 각 국가들은 서로의 이해관계에 따라 첨예하게 대립하고 있다. 겉으로는 힘의 균형을 표방하고 있지만 항상 동아시아 패권의 향방에 촉각을 곤두세운다. 따라서 대한민국이 어떻게 균형을 잡을 것인지가 그 어느 때보다도 중요한 시점이라 할 수 있다.

미국이냐 중국이냐를 떠나 열린 글로벌 시대에 급성장한 중국을 제대로 볼 수 있다면 균형적 시각을 견지하는 데 큰 도움이 될 것이다.

나는 1993년 중국 베이징대학교에 입학했다. 한중 수교 이후 베이징대 한국인 1호 유학생이 된 것이다. '죽의 장막(bamboo curtain, 1949년 이래 중국의 대비공산권 여러 나라에 대한 배타적 정책을 가리키는 용어)'이라고 불리던 중국에 첫 발을 내디딜 때 긴장했던 기억은 아직도 생생하다. 1992년만 해도 중국에 가기 위해서는 출국하기 전 국가안전기획부(현 국가정보원)에서 특수국가 입국에 대한 교육을 받아야 했다. 당시 국가안전기획부 직원으로 추정되는 한 강사는 강의 중에 살벌한 농담을 던지기도 했다.

"지금 강의 중에 졸고 계신 분이 있는데 저런 분이 특수국가 여행하다가 꼭 북한으로 납치됩니다."

그때는 많은 사람들이 중국을 중공(中共)이라고 부르며, 한국은 민주주의 국가, 중국은 공산주의 국가로 구분했던 시절이었다. 나 역시도 반공 교육을 어릴 적부터 받았던 터라 중국도 북한처럼 인권 보장이 전혀 안 되는 '가난한 큰 나라' 정도로 인식했다.

1992년 12월, 중국 티엔진(天津) 공항을 통해 베이징(北京)에 도착했다. 지금은 중국과 연결된 직항만 해도 베이징을 비롯해, 상하이, 광저우, 우한, 선양, 홍콩 등 다양하지만 그때는 김포국제공항에서 출발하는 노선이 딱 하나밖에 없었다. 그래서 베이징에 가려면 티엔진 공항을 반드시 거쳐야만 했다.

공항에는 중화인민공화국의 빨간 오성기가 펄럭거렸다. 매서운 바람이 부는 활주로에는 공항직원들이 군용코트를 연상시키는 옷을 입고 서 있었다. 마치 인민해방군의 모습처럼 탑승자들의 입국을 신기한 표정으로 바라보았다. 입국 과정에서도 모든 공항 직원들은 친절이라고는 찾아볼 수 없는 무표정한 얼굴이었다. 공항을 나온 후 뻥 뚫린 티엔진~베이징 고속도로를 타고 두 시간 만에 베이징에 도착했다. 그때 마치 텔레비전에서나 보았던 북한의 평양 시내에 들어온 것 같은 착각이 들 정도로 분위기가 비슷했다. 당시 베이징의 도로는 텅텅 비어 있었고 도로 가장자리에는 원목을 가득 실은 마차 행렬이 자주 눈에 띄었다. 타임머신을 타고 30년 전의 과거로 돌아간 기분이었다.

13억 중국인을 통치하기 위해서는 공산당이 효율적?

1993년만 해도 중국과 교류가 많지 않았고, 지금처럼 인터넷이 발달하지 않은 터라 서로에 대한 이해가 턱없이 부족했다. 그나마 '86아시안게임'과 '88올림픽'을 통해 겨우 중국인에게 한국에 대해 알릴 수 있는 기회가 되었다. 당시 한반도를 북한과 남한으로 나누어 부르고 있었지만 그래도 중국 사람들은 한국을 남조선이라고 부르는 것이 더 익숙해 있었다.

베이징에 도착한 이후 베이징대의 외국인 기숙사인 샤오위엔(勺园, 작원)에서 살았다. 당시 베이징은 모든 물가가 한국에 비해 매우 저렴했기 때문에 관광객이나 주재원이 살기에는 경제적으로 유리한 점이 많았다. 일례로 베이징대 교수들의 평균 한 달 월급은 런민비(人民币, 인민폐) 600위안 정도로 한화로 6만 원 정도였다.

중국의 싼 물가 덕에 후배들에게 밥도 가끔 사주었다. 런민비 100위안(당시 환율로 한화 1만 원 정도)을 들고 나가면 10여명의 후배들과 생맥주를 곁들여 배불리 식사할 수 있을 정도였다.

전국에서 수재들만 모인다는 명성만큼이나 베이징대학교 학생들은 무척 똑똑했고 공부도 열심히 했다. 학교 규정상 밤 10시가 되면 기숙사에 불을 강제로 껐다. 하지만 학생들은 아랑곳하지 않고 기숙사 밖으로 나와 도로 가로등 옆에 앉아 책을 읽었다.

나는 베이징대학교 국제정치학과를 다녔는데 우리 과 학생들은 교내에서 영어 실력이 그리 높은 편은 아니었다. 그런데 과 평균 토플 성적이 무려 620점이 나왔다. 참고로 우리 과 재학생 중에 미국이나 유럽등지로 유학을 다녀온 사람이 단 한 명도 없었다. 그들의 높은 영어 실력은 BBC 방송을 청취하면서 독학으로 습득한 것이다.

우리나라에서도 전학을 가면 처음 며칠은 낯설다. 친구를 사귀기도 힘들고 적응하기 위해서는 일정 기간이 지나야 한다. 베이징대에 입학했을 때도 마찬가지였다. 하물며 타국에서 갔으니 오죽했을까. 과 동기들과라도 친해지기 위해 노력했지만 쉽지 않았다. 자본주의 나라에서 유학 온 학생들과 멀리 하라는 학교 측 방침에 철저하게 따랐기 때문이었다.

물론 중국이 지금처럼 개방이 되지 않았기 때문에 자본주의 체제 국가에서 자란 학생들과 문화적 차이가 상당했다. 정치와 사회적 제도, 문화 전반적인 차이로 인해 서로 소통하는 데도 높은 벽을 느낄 수밖에 없었다. 지리적으로 가깝고, 역사적으로 많은 관련이 있는 나라라고 생각했던 것과 달리 미묘하면서도 엄청난 문화적 차이가 존재한다는 사실을 점차 알게 되었다.

나는 중국 학생들과 수업을 들으면서 자연스럽게 양국 정치에 관심을 갖게 되었고, 동기들과 많은 의견을 나누었다. 일본 유학생이 많았지만 정치에 대한 관심은 역시 한국 학생들이 높았다. 수업을 마친 후에는 정치 체제가 다른 중국 학우들과 종종 논쟁을 벌었다.

왜 중국에는 선거제도가 없느냐?
중국은 왜 다당제를 도입하지 않느냐?
북한에 대한 중국의 입장은 무엇이냐?

평소 알고 싶었던 것을 가감 없이 쏟아냈다. 당시만 해도 이 같은 논쟁은 정치적으로 무척 민감한 사안이어서 중국 학우들은 늘 소극적인 답변만 반복했다. 처음에는 논쟁이 진전이 없어 맥이 빠졌지만 시간이 지나면서 중국 학우들이 내게 해줄 얘기는 많지만 여러 가지 사정으로 말을 아끼고 있다는 것을 알게 되었다.

가끔 몇몇의 중국 친구들은 '대한민국 땅의 100배나 되는 중국이 13억 인구를 관리하기 위해서는 다당제보다는 일당제 통치가 더욱 효율적이다'라는 주장을 펼치기도 했다. 소련(구러시아) 전 대통령이었던 미하일 고르바초프(Mikhail Gorbachev)가 추진했던 페레스트로이카(perestroika, 1985년 4월에 선언된 소련의 사회주의 개혁 이데올로기) 정책이 결국 민족분열로 소련 붕괴로 이어졌다는 사례도 들었다. 또 그들은 '중국 국민이 국가주석을 직선제로 선출한다면 과연 어떻게 될까?' 라고 오히려 내게 묻기도 했다.

중국, 태평양 시대를 이끌다

한족과 55개 소수민족으로 구성된 13억 인구의 중국. 그 안에 존재하는 지역주의, 민족문제, 양극화현상 등 매우 복잡하게 엉켜 있는 중국의 산적한 숙제는 어제오늘의 일이 아니다. 그 상황을 유일하게 풀 수 있는 것은 오직 중국 공산당이라고 주저 없이 말했던 중국 학생들의 자부심은 대단했다.

그들은 중국 공산당의 강한 의지로 21세기는 중국이 주도해나갈 것이라고 확신했다. 현재 중국은 21세기를 주도하고 있고, 당시 학생이 었던 세대는 인재로 성장해 성장의 큰 동력이 되었다.

이제 중국은 내가 유학했을 때의 중국이 아니다. 중국에 있을 때부터 지난 20년 정도 중국을 지켜보고 그들과 관계를 맺어왔지만 그들의 변화는 정말 눈이 부실 정도였다. 그리고 급속한 경제성장으로 인해 초강대국 미국과 G2로 어깨를 나란히 하고 있다.

하지만 여전히 다양한 문제가 산재해 있다. 달라진 것이 있다면 중국 내부의 문제로 남아있었던 것이 이제 세계와 밀접한 관련을 맺게 되었다는 것이다. 특히 한국과는 지리적, 역사적으로 밀접한 관계를 맺고 있다. 이미 글로벌 시대에 한국과 중국은 정치, 경제, 문화 등 모든 측면에서 상호 교류하며 서로 외면할 수 없는 존재가 되어버렸다.

그렇다면 중국을 앞으로 어떻게 대해야 하고, 또 어떤 영향을 받을지 미리 예측하고 준비해야 할까?

사회주의 국가임에도 불구하고 1978년 경제 발전 10개년 계획을 수립한 후 꾸준히 시장을 개방해온 중국과 중국 사람들을 제대로 파악해야만 한다. '죽의 장막'이 거치면서 시작된 글로벌 소통이라는 거대한 흐름에 발 빠르게 대처하려면 지금이라도 다시 한 번 중국을 돌아봐야 한다.

이미 초기 중국 시장으로 진출했던 많은 기업들이 동남아시아권으로 공장을 이전하고 있다. 수없이 많은 이유 중 인플레이션 현상으로 인한 중국 내 인건비 폭등, 문화적 차이로 인한 다양한 문제 발생 등이 가장 풀기 어려운 숙제였다. 하지만 지척에 있는 거대 시장을 이해하지 못한다고 해서 포기할 수는 없다. 어떻게 활용하느냐에 따라 국익은 물론 개인적인 이익까지도 크게 얻을 수 있기 때문이다. 열면 열수록 황금광을 얻을 수도, 쪽박을 찰 수 도 있는 중국만의 특징을 하나씩 알아보자.

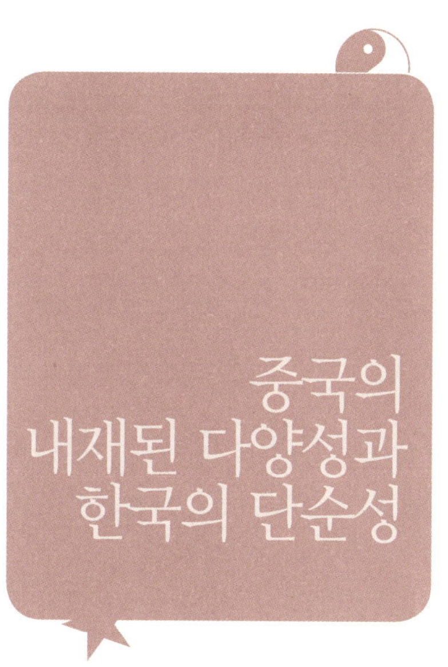

동북아시아의 작은 반도 국가인 대한민국은 국토는 물론, 천연자원도 빈국에 해당된다. 여기에 일제식민시대와 6.25전쟁은 역사의 시계를 멈추게 하고 말았다. 하지만 전쟁의 폐허에 건물을 올리고, 올림픽을 개최하는 등의 문화적 성장을 거듭한 데 불과 30여년 걸릴 뿐이었다. 또 21세기에 들어서는 세계 10대 무역국가 순위에 당당히 이름을 올릴 정도로 성장했다. 그 바탕에는 인적자원이라는 성장 동력이 있었다.

중국 또한 마찬가지다. 불과 100년 전만 해도 제국주의 열강의 치열한 각축장이 된 나라였다. 하지만 지금은 경제는 물론이고 정치와 경제, 군사 등 모든 면에서 중국의 세계적인 영향력은 미국과 함께 절대적인 위치에 올라 있다.

그렇다면 일찍이 서양 문물을 받아들이고 메이지유신으로 근대화에 성공한 일본보다 훨씬 늦게 출발했지만 세계에 영향력을 넓히고 있는 한국과 중국의 특성은 무엇일까?

먼저 한반도의 40배가 넘는 국토에 한족을 기반으로 55개의 소수민족으로 구성된 중국은 반도국가인 한국과 외형적으로 엄청난 차이가 난다. 역사적으로 보면 중국은 대륙을 기반으로 정복과 침략 과정에서 다양한 문화를 흡수하면서 주체적으로 발전시켜왔다. 이에 비해 비교적 단일민족으로 구성된 대한민국은 중국의 문화를 수용하면서도 결코 흡수당하지 않았기에 그 누구도 흉내 낼 수 없는 독창적인 문화로 발전시켜온 것이다. 이는 한민족이 중국에 비해 작은 영토이지만 뛰어난 결속력이 있었고, 강한 집중력이 있었기 때문이다. 이 같은 배경으로 우리 민족은 세계 어느 나라도 따라올 수 없는 근성과 뚝심이 있다.

태어나면서부터 습득되는 중국인의 다양성

몇 년 전 중국의 친구들이 나를 찾아왔다. 저녁식사와 술대접을 할 겸, 집 근처인 서울 서대문구 신촌의 꽤 알려진 삼겹살집에 갔다. 모두 다섯 명이라 5인분의 삼겹살을 먼저 시켰다. 중국인 친구들은 맛있다며 삼겹살 5인분을 금방 먹어 치웠다.

삼겹살 2인분을 더 추가했고, 조금 후에 또 2인분을 추가해서 맛있게 저녁식사 겸 술자리를 마무리했다. 그런데 식당을 나오는데 대뜸 중국인 친구가 묻는 것이었다.

"이 식당에는 삼겹살밖에 없나요?"

"……."

순간 '아차' 싶었다. 중국 사람들은 손님을 초대하면 다양한 종류의 음식을 선보이며 즐긴다. 그런데 나는 중국 친구들과 식사를 하면서 오직 삼겹살 9인분만 주문했던 것이다. 한국에서는 흔한 일이지만 중국 사람이라면 이상하게 생각할 수도 있겠구나 싶었다.

중국 친구는 처음 삼겹살을 시킨 후 다음에는 '다른 음식이 나오겠지'라고 기대했던 모양이었다. 그런데 추가로 삼겹살만 4인분을 시킨 것을 보고 접대문화에 대한 두 나라의 차이를 경험했던 것이다. 그 중국 친구는 내가 어색하게 웃고 있는 틈을 타서 한술 더 떠 또 다른 질문을 던졌다.

"삼겹살집의 손님 테이블을 보니까 모두 초록색 병의 소주만 있던데 그건 왜 그래요? 한국 사람은 삼겹살에 꼭 소주만 마셔요?"

"……."

만약 중국 현지에서 내가 초대를 받았다면 어땠을까를 생각해보았다. 분명히 테이블 위에 올라 있는 음식도 각양각색일 테고, 다양한 술도 마련되어 있었을 것이다. 중국인들의 대접 문화를 생각하자 그 친구의 엉뚱한 질문에 오히려 한국에 와 있는 동안 중요한 사실을 잊고 있었다는 것을 알게 되었다.

거대한 영토를 가지고 있는 만큼 지방마다 민족마다 다양한 문화와 지역적 특성이 존재하는 나라가 중국이다. 그렇기 때문에 중국 사람들에게 다양성이란 태어나면서부터 자연스럽게 습득되는 그런 덕목 중에 하나일 것이다.

그럼에도 구분하기 어려운 한국과의 유사성

중국에서 유학을 마치고 돌아온 나에게 사람들이 가장 많이 물어보는 것 중 하나는 '한국 사람과 중국 사람의 민족성이 많이 다르냐'는 것이었다. 얼핏 보면 한국 사람과 중국 사람을 보면 육안으로 구분하기 어렵다. 물론 중국의 몇몇 소수민족과는 전혀 생김새가 다르지만 중국 민족의 90%를 차지하고 있는 한족은 우리와 생김새가 비슷하다. 검은머리에 황색피부로 우리가 유럽 사람을 나라별로 구분하지 못하듯, 서양 사람들도 두 나라 민족을 외모만으로는 구분하기 힘들 것이다.

한중 두 나라 사람들은 생김새뿐만 아니라 서로의 전통문화도 비슷하다. 특히 같은 날짜에 지내는 설과 추석은 그 의미 또한 매우 유사하다.

우선 음력 정월 초하루를 한국에서는 '설'이라 하고, 중국에서는 '춘절(春節)'이라 부른다. 우리가 설에 '떡국'을 먹듯이 중국에서도 특별한 음식을 먹는데 대표적인 음식으로는 북방의 '자오즈(餃子, 교자)'와 남방의 '탕위엔(湯圓, 탕원)'을 들 수 있다.

또 음력 8월 15일에는 우리는 추석으로, 중국은 중추절(中秋節)로 부르며 한 해 농사를 마무리하면서 조상의 은덕을 기린다. 이때 두 나라 모두 8월의 커다란 보름달을 연상하게 하는 음식을 만들어 먹고, 달과 관련된 놀이를 즐긴다. 대표적인 음식으로는 한국에서는 송편, 중국은 월병이라고 알려진 '위에빙(月餅)'을 먹는다. 이밖에도 한국과 중국은 문화적인, 관습적인 측면에서 많은 부분 유사하다.

다양성과 단순성이 절대 가치는 아니다

하지만 이러한 유사성이 있음에도 두 나라의 민족성은 꽤 상반적이다. 한국 사람의 성격은 급하고 중국 사람의 성격은 '만만디(느리다)'라는 것이 우리가 흔히 알고 있는 한중 두 나라의 민족성의 차이다. 그런데 모든 면에서 정말 그럴까. 비슷한 것 같은데 다르고 다른 것 같은데 비슷한 묘한 관계가 바로 한중 간의 모습일 것이다.

결국 같음과 다름이라는 다양성과 단순성이라는 측면은 대표적인 것이지 절대적인 것은 아니다. 느린 것은 과정이지 결정은 그 누구보다 빠를 수 있기 때문이다. 이와 반대로 과정을 빨리하지만 결정을 느리게 심사숙고할 수 있기 때문이다. 중국이 느리다는 것이 얼마나 허구인가는 쉽게 찾을 수 있다.

중국의 '짝퉁 산업'은 누구나 인정하듯이 세계적으로 혀를 내두를 정도다. 애플이 출시하지도 않은 스마트폰의 차세대 모델인 '아이폰5'

가 중국에 버젓이 등장했다. 미국 패스트푸드 체인점인 KFC를 모방한 OFC(오바마 프라이드치킨)의 간판에는 켄터키 할아버지 커널 샌더스의 얼굴 대신 버락 오바마 대통령의 얼굴이 그려져 있다. 이 사실이 뉴스를 타고 세계에 알려져 KFC 측이 상표권 침해 등 소송 준비에 착수하자 'OFC'는 간판을 'UFO'로 바꾸었다고 한다. 물론 개업 하루 만에 휴업에 들어갔고, 다시 개업하기는 쉽지 않을 것 같다고 한다. 물건이나 브랜드뿐만 아니라 요즘에는 한류를 대표하는 K-Pop을 이끄는 국내 아이돌이나 걸그룹을 모방한 짝퉁 그룹들이 나올 정도이다.

즉 다양성과 단순성이란 차이와 유사라는 관점에서 평상시에 어떤 측면을 더 강하게 보이느냐 일뿐이다. 실제 중국의 산업은 이제 모든 분야에 걸쳐 우리와 경쟁 관계에 있다고 봐야 한다. 우리나라는 그동안 독창적인 단순성이라는 특징을 내세워 다양한 산업을 세계적인 반석 위에 올려놓고 있다. 김대중 정부가 5년 동안 전념해서 만든 세계 최강의 IT산업 육성에서부터 '끼' 넘치는 한민족이 만든 영화, 드라마, 음악 등의 '한류'가 그것이다. 하지만 지금은 중국도 다양성을 무기로 산업을 보다 독창적, 전문화하여 경쟁력을 높이고 있다.

따라서 국제적 경쟁력을 무기로 하는 사회에서 다양성과 단순성의 비교 우위란 의미가 없다. 우리는 삼겹살로 시작해서 삼겹살로 식사를 끝내고 매운 고추를 매운 고추장에 찍어 먹는 매운 민족이라는 것은 우리의 겉모습일 뿐이다. 중국이 언제 우리의 독창적인 단순성을 자신들의 무기로 삼을지 모를 일이다.

　나는 우리의 단순성을 대한민국의 '단순의 미', '집중의 미'로 부른
다. 그런데 다양성으로 대표되는 중국인에게 이것이 없다는 우를 결
코 범하지 말아야 한다. 지금 중국은 그 모든 것을 다 포함하고 있기
때문이다. 이는 우리와 차이나는 중국을 생각하면서도 간과하는 중국
도 있음을 명심해야 한다는 의미이기도 하다.

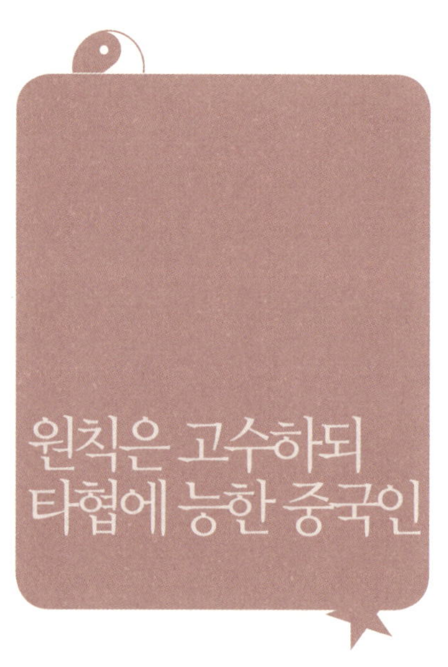

한국과 중국의 민족성에서 또 다른 측면은 경직성과 유연성이다. 내가 보는 관점은 한국인의 사고는 중국인보다 경직되어 있고, 중국인의 사고는 한국인보다 더 유연하다는 것이다. 이는 두 나라의 다양한 비교를 통해서도 쉽게 느낄 수 있는 부분이다.

먼저 중국은 대한민국 영토에 약 100배나 되는 광활한 대륙에 인구는 약 13억 명으로 26배 이상 차이가 난다. 여기에 한족을 비롯한 55개의 소수민족이 다양한 문화를 바탕으로 살아가고 있다. 그러다 보니 지역마다 방언은 물론이고 빈부의 차에 따른 지역 이기주의 또한 심각하다.

물론 세계 여러 나라 중에는 다수의 민족과 종교 등을 가지고 있으면서도 하나의 국가 체제를 유지하는 나라가 꽤 있다. 하지만 중국처럼 고대 문명의 발상지로 일찍이 통일제국을 건설하여 지방 분권의 군현제(한나라)를 실시하는 등 세계적인 제국을 만든 나라는 없다. 이는 스케일 측면에서 다르다고 할 수 있다.

특히 19세기 말 제국주의의 열강이었던 러시아는 볼셰비키 혁명에 의해 소비에트연방공화국을 세웠지만 결국 20세기 말에 각 민족이 분리되어 독립하고 말았다. 똑같은 공산주의라도 인종 간, 문화적 차이가 있으니 이는 다른 문제라고도 할 수 있다. 하지만 지금의 중국이 역사상 가장 큰 영역을 차지하고 있는 것을 감안하면 분명 본질을 파악해볼 필요가 있다.

대나무 같은 저우언라이

중국인에게 사고의 유연성은 역사 속에서 그대로 이어져 지금까지 온 것이 아닐까 한다. 예를 들어 예전에 서방 언론들은 중국에 대하여 '죽의 장막'이라는 별칭을 사용했다. 그런데 지난 1978년 중국은 과감하게 개혁 개방을 했다. 중국 현대사에서 사회주의라는 노선의 원칙을 유지하면서 자본주의 경제의 산물인 시장경제를 도입했다. 시대적인 필요성에 의해 중국 민족의 유연성이 발휘되었기에 가능했던 것이다.

그렇다면 왜 중국을 죽의 장막이라고 했을까? 이는 중국의 여러 나라에 대한 배타적 정책을 가리키는 용어로 중국의 명산물인 대나무에 비유하여 이르는 말이다. 그런데 그런 비유의 상징인 대나무는 또 다른 의미를 가진다.

대나무는 아무리 거센 바람이 몰아쳐도 좌우로 유연하게 흔들리지만 결코 부러지지는 않는다. 또 바람이 멈추면 언제 그랬냐는 듯이 원래 모습대로 고요하게 돌아간다. 이런 대나무의 특성은 원칙을 고수하면서 필요에 의해 타협을 하는 중국인과 매우 닮았다. 실제로 중국인들은 어떤 일이든 대나무처럼 유연하게 대처하는 것을 높이 평가하기도 한다. 그들이 호감을 갖는 정치인만 봐도 알 수 있다.

그 대표적인 지도자가 '저우언라이(周恩來, 주은래)' 전 총리다. 그는 중화인민공화국을 건국한 마오쩌둥(毛澤東, 모택동)과 함께 또 한 명의 건국 일등공신으로 꼽힌다. 항일전쟁에서는 뛰어난 군사 전략가였고, 1934년 일어난 국공 내전(인민해방전쟁) 때에는 대장정을 주도했던 공산당의 지도자였다.

그는 전쟁과 내란의 시기에 적과 일방적인 전투가 아닌 상황에 따라서는 적과 다양한 방법으로 소통했던 사람으로도 유명하다. 이는 저우언라이 전 총리가 원칙 속에서 타협하는 정치인이었기 때문에 가능했다. 그의 그런 역량은 중국 외교 정책에 많은 영향을 미쳤다. 그 결과 중국 외교는 세계적으로 뛰어난 전략적 요소가 있다는 평가를 받고 있다.

좀더 그의 행적을 구체적으로 살펴보면 원칙을 고수하면서 타협을 잘 이끌어냈던 그는 중국의 혼란스러운 내전 상황에서도 국민당 장제스(蔣介石, 장개석)와 담판을 통해 국공합작을 만들어냈다. 그 결과 내전은 끝났고, 국민당과 공산당은 힘을 합쳐 일본군과 맞서 싸웠다. 또 한국전쟁에서도 그의 외교적 역량은 유감없이 발휘되었다. UN연합군이 개입하면서 국제 정세가 중국 측에 불리하게 돌아가자 그 즉시 휴전 협정을 제안한 것이다.

그뿐 아니라 베트남전쟁을 종식시킨 파리회담을 개최한 것도 저우언라이 전 총리의 제안 때문이었다. 그는 1971년 '핑퐁 외교'로 유명한 중미 정상회담도 성사시켰다. 이 역시 그의 유연성과 기치를 발휘했기 때문에 이루어질 수 있었다. 냉전체제로 첨예하게 대립하고 있었던 두 나라가 어떻게 회담을 가질 수 있었을까? 당시 일본 나고야에서는 세계 탁구 선수권 대회가 열리고 있었다. 저우언라이 전 총리는 이 기회를 놓치지 않았다. 대회에 참가하기 위해 일본에 온 미국 탁구팀과 기자단을 초청한 것이다. 그 일을 계기로 두 나라의 관계는 개선되어 중미 수교가 이루어졌다.

미국의 닉슨 대통령이 중국을 방문했을 때 저우언라이 전 총리는 방광암을 앓고 있었다. 그는 닉슨 전 대통령에게 "내가 암에 걸려 언제 죽을지 모릅니다. 죽기 전에 중미 수교가 성사되었으면 합니다"라는 말을 건넸다. 그리고 그해 중국과 미국은 수교를 맺게 되었다.

대립적인 관계에서 상대에게 건재함을 과시하고, 힘의 우위를 보여주는 것은 어쩌면 당연하다. 하지만 저우언라이는 그렇게 하지 않았다. 오히려 자신이 암에 걸렸다는 사실을 스스로 밝혀 외교적으로 이용했다.

중국인들이 저우언라이 전 총리를 존경하는 이유는 또 있다. 마오쩌둥 전 주석의 2인자로 평생을 살면서도 죽을 때까지 한 평의 땅도 소유하지 않았던 검소한 지도자였기 때문이다. 개혁 개방을 주도해 지금의 중국을 G2로 만든 덩샤오핑(鄧小平, 등소평) 전 국가주석을 발탁했던 것도 저우언라이 전 총리였다. 중국 인민은 저우언라이 전 총리를 진심으로 사랑했으며 그의 따뜻한 마음을 느꼈다. 저우언라이 전 총리의 비석에 적힌 추모글에는 그런 마음이 잘 나타나 있다.

인민의 총리로 인민이 사랑하고,
인민의 총리로 인민의 사랑을 받고,
총리와 인민이 동고동락(同苦同樂)하니,
인민과 총리의 마음이 이어졌다.

관우의 의리와 조조의 대범함

원칙을 지키면서 때로는 타협을 잘하는 정치력이 겸비된 인물로 관우를 들 수 있다. 그 역시 중국인들은 좋아하고 존경한다.

《삼국지》를 보면 허창에서 조조와의 싸움에서 크게 패한 유비 삼형제는 뿔뿔이 헤어지게 되었다. 유비는 기주의 원소에게 의탁하고, 장비는 망탕산에 피신해 있었다. 이때 관우는 하비성에 고립되어 있었는데 유비의 두 부인 감부인과 미부인을 보호하고 있었다.

이 같은 상황을 잘 알고 있는 조조는 평소 관우를 존경해 어떻게든 항복시켜서 자신의 부하로 삼으려고 했다. 결국 관우는 조조를 힘으로 꺾을 수 없음을 파악하고 유비 가족의 안전을 보장받기 위해 투항한다. 단, 유비가 나타나면 언제든지 돌아간다는 조건을 붙인다.

관우는 유비의 가족을 보호하고 시간을 벌기 위해 하비성을 열어 조조를 받아들였지만 주군인 유비 부인의 안전이 확보되고 유비의 거처가 확인되면 언제든지 돌아간다는 원칙을 고수했던 것이다. 당시 삼국에서 가장 세력을 갖추고 주도권을 행사하고 있던 조조에게 명분을 건 타협을 시도했던 것이다. 그만큼 관우는 통찰력과 유연한 정치력을 겸비한 장수였다.

그 이후 관우는 조조의 편에 서서 적장 원소가 제일 아끼던 장수 안량과 문추의 목을 베어버리는 등 조조 군의 최고 장수로 등극한다. 하지만 유비가 원소에게 의탁해 있다는 소식을 접하자마자 관우는 결연히 조조를 떠난다. 이때 조조의 부하 채양이 병사를 데리고 관우를 즉시 생포해 오겠다고 하고, 전략가 정욱도 관우가 한 마디 없이 떠난 것은 조조를 모독한 것이라고 말하지만

"관운장이 옛 주인을 잊지 않고 도리를 분명히 지키니 천하의 대장부다. 너희도 마땅히 본받아야 한다. 이런 인물이기에 나도 존경한다. 내가 선물과 함께 기념으로 도포 한 벌을 주고 싶다"고 말한다. 그리고 죽고 죽이는 살벌한 전쟁 상황에서 조조는 직접 관우를 찾아가 이

를 실행했다고 한다. 원칙을 소중하게 생각하는 관우의 대범함과 또한 적장의 의로움을 칭송하는 조조의 관대함을 엿볼 수 있는 대목이다. 그리고 이런 역사적 인물들을 본받고 존경해온 현대의 중국인들 역시 원칙은 고수하면서 상황에 따라 타협도 잘하는 유연성을 겸비하고 있다.

체제와 정치적 원칙은 고수하되 경제적 현실에서 유연한 중국

중국은 1980년대 냉전시대가 끝나자 덩샤오핑 국가주석은 흑묘백묘(黑描白描)론을 들고 나온다.

'검은 고양이든 흰 고양이든 쥐만 잘 잡으면 된다'는 이 이론은 사회주의 국가인 중국이 실용주의 노선에 따라 '시장경제'를 도입하는 데 가장 큰 공헌을 한다. 지금이야 막연하게 무슨 문제가 되는 일이냐고 할 수 있겠지만 앞에서 언급했듯이 중국은 '죽의 장막'이라고 불리는 사회주의 체제 국가였다. 이에 공산당 지도부는 1960년대 덩샤오핑을 '주자파(走資派)'로 비판했었다. 원로로 구성된 보수파와 덩샤오핑이 주축이 된 개혁파와의 엄청난 갈등이 예상될 수 있는 상황이었다.

하지만 공산당 원로들은 1980년대에 들어 덩샤오핑의 개혁 개방 정책을 더 이상 사회주의를 팔아먹는 '수정주의(修正主義)'라고 표현하지 않고 '중국식 사회주의'라며 지지했다. 중국 공산당 원로들도 세계적인 시대적 흐름을 간파했던 것이다. 이는 덩샤오핑 주석을 포함한 중국 공산당 원로들이 정치적 노선만큼은 사회주의를 지속해나간다는 것이었다. 공산당의 위상을 더욱 강화하는 정책을 한 치의 흔들림 없이 추진해나간다는 뜻이기도 했다.

'고양이'라는 본질, 즉 사회주의 체제는 확실히 지키면서 필요하다면 전혀 포용할 수 없을 것만 같았던 시장 경제의 다양한 '쥐'를 과감하게 수용했던 것이다. 그런 유연성으로 오늘의 중국을 만들어냈던 것이다.

충성심과 애국심, 근성으로 승화한 한국의 경직성

나는 한국 사람들의 경직된 사고가 오히려 대한민국 '동력'으로 작용했다고 믿고 있다. 여기서 경직성이란 부정적인 의미보다는 꼿꼿함, 그래서 하나에 집중할 수 있는 힘을 말한다. 꼿꼿함의 상징인 충신에 대해 생각해보자.

중국 역사에도 종종 충신에 대한 언급이 나오지만 우리 역사에 비하면 그 수와 사례가 빈약하다는 것을 알 수 있다. 중원이라는 큰 땅을 차지하기 위해 수많은 왕조가 흥망성쇠를 반복되다보니 생존을 위해 자연스럽게 흥한 왕조에 흡수하게 되었다. 이에 비해 우리는 반도라는 협소한 영토에서 하나의 왕조가 500년 정도 지속되다보니 그 왕조의 정통성을 확고하게 지키는 것을 큰 덕목으로 여기며 실천했다. 또한 유학의 충 사상이 뿌리 깊이 박혀 경직성의 상징의 하나인 '충신'

이 많이 나게 되었다.

여기에 왕조나 국가가 위급한 상황에 처했을 때 어김없이 나타나는 것이 의병이었다. 임진왜란 때 조선은 임금도 도망간 상황이었다. 하지만 신분의 고하를 막론하고 각 지방에서 의병이 일어나 왜군을 물리치는 혁혁한 전공을 세우게 된다. 임진왜란만이 아니다. 19세기 말 동학농민운동에서부터 1910년 일본에 의해 나라를 빼앗겼을 때도 어김없이 민중들이 봉기하여 이 땅을 지키고자 애썼다. 세계적인 역사학자들조차 이러한 의병 현상에 대해 합리적인 설명 대신 우리 민족의 독특한 민족성으로 설명할 따름이다.

이러한 경직성으로 이어지는 충성심은 현대에 이어져 애국심으로 승화되었다. 1998년 우리는 고속 성장의 대가로 외환 위기를 맞아 'IMF 구제금융'을 받게 되었다. 이때 우리 민족의 고유한 특성인 애국심은 '금 모으기 운동'으로 승화되어 세계를 깜짝 놀라게 했다. 그 결과 불과 4년 만에 IMF 구제금융을 졸업하고, G20의 일원으로 성장하는 국가가 되었다.

2002년 우리나라는 또 한번 세계인을 깜짝 놀라게 했다. 월드컵 개최에 4강 신화까지 이룬 것이다. 더구나 4강에 오르는 과정에서 보여준 우리의 응원 문화 또한 세계의 주목을 받을 만큼 대단했다. 경기가 있는 날, 시청을 중심으로 수십만의 인파가 붉은 색 옷을 입고 운집한 모습은 놀라운 광경을 넘어 경이로운 현상으로 비춰져 세계 유수의 언론들이 취재 경쟁을 벌이기도 했다.

우리가 가진 경직성에는 또 하나의 장점인 '근성'으로 뿌리내려 여러 곳에서 두각을 나타내기도 한다. 대표적인 현상 중의 하나가 피겨 불모지에서 단숨에 세계의 요정이 된 김연아 선수와 그동안 좋은 성과를 내지 못했던 종목인 수영 자유형에서 역사를 다시 쓰고 있는 박태환 선수를 들 수 있다.

우리는 이러한 성향과 성품을 이해하기 때문에 '참 대단한 일을 했다'라며 당연한듯 얘기한다. 하지만 합리적인 추론과 발전 단계로 이해하는 다른 나라 사람에게는 이해할 수 없는 현상으로 받아들여지기도 한다. 그래서 그들은 이 두 선수에 대해 대단하다는 표현을 넘어 '미러클' 혹은 '매직'이라는 표현을 쓴다. 이러한 근성은 세계 속에 우뚝 선 우리의 조선업과 자동차, 그리고 반도체와 IT 산업에서도 엿볼 수 있다. 한번 마음 먹으면 끝을 보는 근성이 세계 1위를 만들어가고 있는 것이다.

그런데 중국의 유연성 속에는 의연함이 내포되어 있다. 중국의 유연성에는 바로 원칙을 지키는 의연함을 내포하고 있기 때문에 전략적인 협상 테이블에서 절대 지지 않는 것이다. 그렇다면 우리도 마찬가지여야 한다. 원칙을 지키는 경직성 속에 세계사의 흐름에 적극적으로 대처하는 유연성을 길러야 한다.

중국의 이면, 중국인의 이면을 제대로 봐야 하는 이유가 바로 여기에 있다. 유연함과 의연함을 두루 갖춰 원칙을 고수하면서도 이해 관계에 따라 변하기 때문이다.

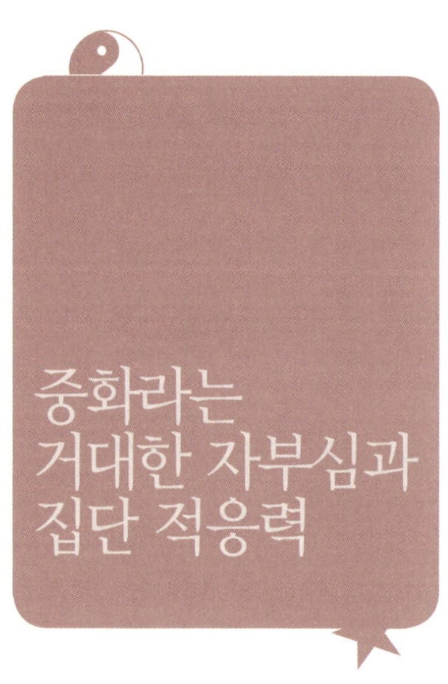

★중국 베이징대학교에 유학을 가 기숙사에서 생활했을 때의 일이다. 당시 베이징대학교 유학생들은 거의 대부분 기숙사에서 거주해야만 했다. 베이징대학교 인근에 아파트를 빌려 생활하는 유학생도 더러 있었지만 중국 당국에서는 이를 모두 불법 거주로 간주했다.

당시 베이징대학교 외국인 기숙사는 고가형 기숙사부터 저가형까지 4가지 등급으로 나뉘어져 있었다. 하루 25달러의 호텔식 최고급 기숙사부터 2인 1실을 기준으로 하루 2.5달러의 매우 저렴한 기숙사까지 있었다. 가격이 1/10인 만큼 이 기숙사에는 화장실, 샤워실, 주방을 공동으로 사용해야 했다.

지금은 베이징대학교에 한국 유학생이 가장 많지만 내가 처음 갔을 때만 해도 한국 유학생이 재미, 재일 교포를 포함해 50여 명 정도였다. 일본 유학생이 가장 많았고, 그 다음으로는 제3세계 국가의 유학생이었다. 물론 북한 학생도 있었다.

외국인에 비친 한국인의 적응력

어떤 기숙사에서 생활하느냐는 유학생의 경제력에 따라 결정되는데 호텔형 기숙사에는 보통 서양에서 온 방문학자나 일본 유학생이 가장 많았다. 나는 2인 1실을 기준으로 가장 저렴한 기숙사를 선택했고 이때 룸메이트는 멕시코에서 석사과정을 하러 온 친구였다. 그 친구와는 약 1년간 함께 지냈다.

그러니까 그 멕시코 친구는 일본 유학생이 가장 많이 있는 베이징대학교 외국인 기숙사에서 한국인 룸메이트와 지내면서 중국 학생들과 수업을 받게 된 것이었다. 한중일 동아시아 3국의 학생들과 자연스럽게 접하게 되었다. 그런데 어느 날 대화를 하던 중에 그 친구가 이런 말을 했다.

"내가 보기에 한국 사람은 어떤 때는 중국인 같기도 하고 어떤 때는 일본인 같아."

멕시코 친구가 무심코 던진 말에 순간적으로 이것이 무슨 뜻인지 감을 잡을 수 없었다. 뭘 알고 얘기를 하는 건가. 왜 그렇게 느끼는지 물어보았지만 그냥 그런 느낌을 받았다고만 했다. 혹시 한국이 중국과 일본 사이에 있어서 그렇게 느낀 것일까. 아니면 한국이 역사적으로 중국과 일본의 문화적 가교 역할을 했기에 상대적으로 문화적 수용이 강하다는 의미일까. 아니면 한국이 중국을 사대했고, 일제식민지라는 아픈 과거 속에 두 나라의 속성을 내포한다는 의미일까.

그런데 곰곰이 생각할수록 자존심이 상했다. 속 좁은 생각일 수 있지만 한국, 중국, 일본의 역사를 잘 모르는 서양의 어떤 친구가 마치 이렇게 묻는 듯 했다.

"한국인의 정체성은 도대체 뭐냐?"

그 후 나는 베이징대학교 기숙사에서 한국 유학생과 일본 유학생을 유심히 관찰했다. 내가 졸업할 무렵에는 한국과 일본 유학생이 1,000명을 넘어섰기에 두 나라 유학생을 통해 어떤 차이가 있는지 관찰하기 용이했다. 또 베이징대학교 졸업 후에는 몇 차례 일본에 가서 체류했는데 이때는 중국 유학생과 한국 유학생을 면밀히 관찰했다.

나는 이 과정에서 묘한 공통점과 차이점을 발견하게 되었다. 한중일 유학생을 비교해 봤을 때 중국에 체류 중인 일본 유학생은 중국에서 오랜 기간 생활하면서도 쉽게 '중국화'되지 못하는 경향이 있었다. 반대로 일본에서 공부하는 중국 유학생도 마찬가지로 쉽게 '일본화'가 되지 못한다는 점이었다.

이에 비해 한국 유학생은 비교적 짧은 기간 동안 중국이나 일본에 체류하면서도 잘 적응한다는 점이었다. 다시 말해 한국 유학생이 중국 유학생이나 일본 유학생보다 현지 적응을 비교적 쉽게 잘한다는

점이었다. 그렇다면 내가 본 중국인이나 일본인의 현지 적응력의 부
족은 어떤 의미가 숨어있을까.

자부심과 자신만만함의 중국

나는 어떤 일본인이 중국인의 초대로 이뤄진 술자리에서 중국인이 내
온 '바이쪼우(白酒, 백주– 고량주)'대신 자기가 가져온 위스키를 따로 마셨
다가 기분을 상하게 하는 것을 본 적이 있다. 또 중국 내몽고 자치구
에 어느 일본 기업이 수십 억을 투자하기로 하고 만찬을 가졌다고 한
다. 그때 일본기업 사장이 내몽고 자치구 성장(도지사)이 내준 술을 마
시지 않자 화를 내고 일본 기업의 투자를 거부했다는 우스꽝스러운
이야기도 들은 적이 있다.

재미있는 이야기지만 그 속을 자세히 들여다보면 중국인과 일본인
의 자부심과 자신만만함을 엿볼 수 있다. 그런 자부심과 자신만만함
이 있으니 현지 적응력 따위는 그다지 필요하지 않은 것일까. 여기서
중국을 한번 떠올려보자.

중국은 비록 1인당 국민소득이 아직도 4,000달러에 미치지 못하는
나라이지만 더 이상 2~30년 전의 기아와 가난에 허덕이는 후진국이
아니다. 세계 최고의 외환보유액에 세계 최대 수출국이다. 더구나 세
계 최고의 경제성장률을 기록 중이고, 미국에 맞서 핵무기를 보유한
강대국이다.

가난한 농촌에서부터 최첨단 자본주의의 전형인 경제 특구의 어마어마한 빌딩숲이 상존하는 나라이다. 전통 사상과 사회주의 사상은 물론, 최근의 자본주의 경제 체제가 공존하는 나라이다. 아열대에서 냉대에 이르는 폭 넓은 기후대와 4개의 시간대를 가진 나라이지만 타이완, 홍콩, 마카오를 포함한 전 중국의 시간을 통일시킨 나라다. 또 육지와 해양으로 둘러싸어 인접국이 14개나 되는 나라이다.

예를 들어 중국은 시장경제 도입 후 20년 이상 고속의 경제 성장으로 볼륨이 점점 더 커지고 있다. 이에 이웃 국가들과 전통적인 관계 외에 새로이 경제적 동반자 관계를 형성하고 있다.

중국의 무역구조를 보자. 미국, 유럽, 일본 같은 경제대국에게는 엄청난 흑자를 남기고 있다. 하지만 우리나라와 동남아 몇몇 국가에게는 적자를 기록하며 큰 시장을 제공하고 있다. 즉 중국의 경제적 급성장은 우리에게 한편으로는 위협적이지만 한편으로는 커다란 기회의 시장이라는 두 가지를 동시에 보여주고 있다.

세계 곳곳에 만들어놓은 차이나타운

중국의 자부심과 자신만만함 속에 주목할 점이 있다. 그들의 적응력이 개인화가 아니라 집단화되어 있다는 것이다. 세계 곳곳에 차이나타운을 보면 그들은 적응력을 넘어 당당하게 그들의 세계를 만들어낸다는 점이다. 목숨 걸고 태평양을 건너간 중국인들은 대륙횡단철도 건설노역자로 모진 고생을 했다. 하지만 그 강한 적응력으로 그곳에 차이나타운을 만들었다. 그리고 지금은 샌프란시스코 지역 사회에서 한 위치를 당당하게 차지하고 있다.

그러고 보니 중국에 유학하면서 나의 적응력은 극히 개인적인 것이었다. 유학 당시 중국에서는 외국인이 쓸 수 있는 돈과 중국인이 쓸 수 있는 돈이 구분되어 있었다. 당시 중국의 물가가 워낙 저렴했기 때문에 중국 정부에서는 외화 획득 차원에서 외국인에게는 외국인 전용 화폐 정책을 실시했다. 하지만 같은 동양 사람에다 중국말을 할 줄 알던 나는 외국인 화폐를 사용하지 않고 중국 인민폐를 주로 사용했다.

베이징에서 물건값을 깎을 때는 남방 사람인 척 하고, 남방에서 물건 값을 깎을 때는 북방 사람인 척 하면서 유학 비용을 아꼈다. 당시 나를 포함한 상당수의 한국 유학생들은 중국인인 척하면서 인민폐를 사용했다. 생김새가 비슷하다보니 최대한 현지 적응력을 높여 다양한 혜택을 알게 모르게 누렸다. 물론 이러한 측면에는 꺼림칙함을 무릅쓰고라도 유학 비용을 아껴야 하는 현실 상황이기도 했다.

중국인은 13억 인구이다. 족히 10억이 넘는 인구이니 세계인구가 70억이라면 1/7이상이 중국인인 것이다. 따라서 고속 성장하는 그들에게 적응력이란 영향력을 확대시키는 일환이다.

따라서 대한민국은 앞으로 내실 있는 경쟁력을 강화시킬 수 있도록 해야 한다. 그런 경쟁력의 강화는 다름 아닌 개인과 기업의 실질적인 경쟁력을 의미한다. 실력을 겸비한 개인이나 기업은 중국뿐만 아니라 세계 어느 나라에서도 당당할 수 있기 때문이다. 적응력을 뛰어 넘는 경쟁력이야말로 세계화의 밑거름인 것이다.

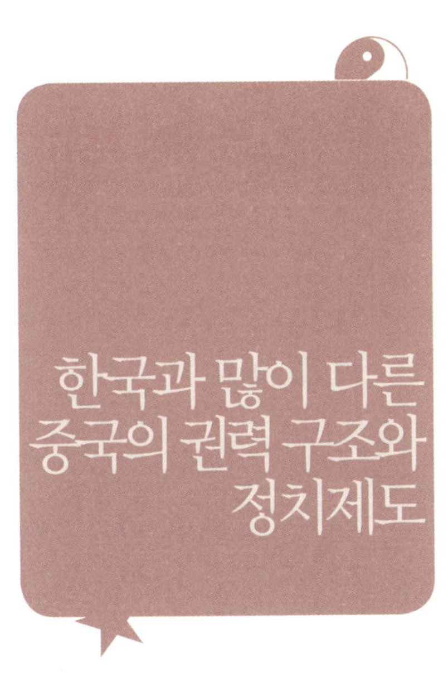

★★중국의 비즈니스는 정치에서 나온다
고 해도 과장이 아닐 정도로 정치와 비즈니스는 밀접한 관계에 있다.
따라서 중국에서 비즈니스를 하려면 우리와 정치 체제가 다른 중국의
정치 구조를 제대로 파악하는 것이 매우 중요하다.

일례로 막연하게 중국에서 '꽌시(關系, 관계)'에만 의존했다가 낭패를
보는 경우가 많기 때문이다. 물론 중국에서 꽌시가 매우 중요한 비즈
니스 수단임은 틀림없다. 하지만 중국의 정부 조직이나 기구에 대한
이해가 부족한 상태에서 꽌시를 중요하게 생각하고 맹목적으로 믿는
것은 너무도 무모한 일이기 때문이다.

이는 중국 정치 체제는 우리가 일반적으로 생각하는 것과 많은 차
이가 있다. 시장경제 체제를 도입했다고 해서 중국이 사회주의 국가

라는 것을 간과하는 사람들이 많은데 앞서 말했듯이 이미 정해진 원칙인 정치 구조는 절대 바뀌지 않음을 기억해야 한다. 정부조직이나 정치 체제를 간단하게 비교해보자. 한국에 '국회'가 있다면 중국은 '전국인민대회'가 있다. 한국에 '대통령'이 있다면 중국에는 '국가주석'이 있다. 하지만 우리처럼 국민이 직접 투표를 통해 정치 지도자를 뽑지 않는다. 한국처럼 다당제도 아니다. 중국에서는 공산당이 국가 최고 권력기구이며 선거제도가 없다. 선거가 없는 나라가 중국인 것이다. 그렇다면 국가주석, 총리 등은 어떻게 선출할까? 그 지위는 어느 정도일까?

중국 국가주석과 총리의 지위와 권한은?

중국이 선거 없는 나라로 알려졌지만 국가주석은 선거를 통해 선출한다. 국민들이 직접 선출하는 직선제가 아니고 '전국인민대표대회(이하 전인대)'를 통한 간접선거이다. 그렇다면 국가주석의 지위는 어느 정도일까?

중국의 국가주석은 형식적으로는 국가를 대표하지만 우리나라 대통령과 비교하면 그 권한이 초라할 정도로 독립적인 권력을 행사하지 못한다. 국가주석의 모든 권한은 전인대의 결정을 근거로 직권을 행사하기 때문이다. 국가주석의 법률적 지위가 전인대를 초월하지 못한다고 중국 헌법이 규정하고 있기 때문이다.

여기서 후진타오(胡錦濤, 호금도) 국가주석의 지위를 살펴보자. 후진타오 국가주석은 단연 중국내 서열 1위이다. 그는 현재 국가주석뿐만 아니라 중앙군사위원회 주석과 공산당 총서기 모두를 겸직하고 있다. 그야말로 무소불위의 권력을 가진 중국 최고의 권력자다.

장쩌민(江澤民, 강택민) 전 국가주석이 후진타오에게 권력을 이양할 때 국가주석과 중앙공산당 총서기는 이양했지만 중앙군사위 주석의 권한을 넘겨주지 않았다. 장쩌민은 왜 후진타오에게 중앙군사위 주석을 이양하지 않았을까?

위에서도 언급했다시피 중국의 국가주석은 대외적으로는 국가원수이지만 특별한 권한이 없는 국가 최고의 '명예직'이다. 마오쩌둥의 '권력은 총구에서 나온다'는 말처럼 장쩌민 전 국가주석은 중앙군사위 주석 자리를 고수하면서 막후 권력자 행세를 하고 싶었던 것이다. 이는 중앙군사위 주석이 중국의 막강한 인민해방군의 최고사령관이기 때문이다. 중국 헌법에는 국가 군통수권이 국가주석에 있지 않고 중앙군사위원회 주석에게 있다고 명문화하고 있다.

장쩌민 전 국가주석은 지난 2004년 9월 중앙군사위 주석 자리도 후진타오에게 승계시키고 중국 중앙정부 권력에서 완전히 모습을 감췄다. 하지만 중국 막후 정치에는 원로 정치인들의 의견도 무시할 수 없다. 따라서 장쩌민 전 국가주석이 당에 미치는 영향력은 지금도 막강하다는 것이 중국의 정 관계자들의 의견이다.

얼마 전 와병설이 나돌던 장쩌민 전 국가주석이 지난 2011년 10월

9일 베이징 인민대회당에서 열린 중국 신해혁명 100주년 기념식에 등장해 건재함을 과시했다. 이날 장쩌민 전 국가주석의 공식 행사 등장은 지난 2010년 4월 '상하이 엑스포' 개막을 앞두고 행사장 시찰 이후 처음이었다.

장쩌민 전 국가주석의 이날 등장은 중국의 권력 교체 시기인 2012년 18차 당 대회를 앞두었기 때문에 더 큰 주목을 받았다. 차기 후계자가 확실시 되고 있는 태자당의 대표주자인 시진핑(習近平, 습근평) 국가 부주석도 상하이방의 실질적인 대부인 장쩌민 전 국가주석의 지지를 받고 있기 때문이다.

시진핑 국가 부주석이 예상대로 2012년 국가주석에 오른다 하더라도 후진타오 국가주석으로부터 언제 중앙군사위원회 주석을 물려받느냐는 것도 세계적인 관심사이다.

임기에 따라 중국 최고 지도자를 공산당 내부에서 선출해 권력 교체를 하는 중국식 정치제도는 세계 어느 나라에서도 찾아볼 수 없는 중국 특색의 정치 풍토다. 이는 중국 지도자들이 먼 미래를 위해 후계자 양성을 조기화 하는 오랜 역사에서 기인한다. 그 바탕에는 중국 지도자들의 탁월한 정치력과 조정 능력이 있기에 가능한 것이다.

후진타오 국가주석은 중국 중앙공산당 총서기도 겸하고 있다. 중국 공산당 총서기는 우리나라로 말하면 집권당의 대표다. 우리나라도 대통령이 당 총재를 겸직했던 적이 있다.

후진타오 국가주석은 공산당의 수장으로 당 최고 영도자이다. 공산당이 중국내 유일한 집권당이니 그 파워는 상상을 초월한다. 중국 공산당에서는 당 총서기를 하려는 경쟁자가 있더라도 한국 정당처럼 공식적인 당내 경선이 없다. 그 대신 공산당 중앙위원을 중심으로 정치국위원 및 상무위원들과 원로 정치인들까지 가세해 한국 정당 이상의 치열한 경쟁을 통해 선출된다.

즉 숱한 조정과 타협, 보이지 않는 암투와 물밑 작업을 통해 공산당 최고직인 총서기가 탄생하는 것이다. 이렇게 중국 공산당은 중국 특색의 집단 지도체제라는 특징을 살려 서방 국가에서도 보기 힘든 중국식 정치제도를 유지하고 있다.

총서기직은 여러 차례의 폐지와 부활을 거듭한 후 1982년 제12기 전인대에서 당 주석제가 폐지되면서 총서기가 당의 최고지도자가 됐다. 중앙위원회 총서기는 중앙정치국 상무위원 중에서 선출되는데 중앙정치국과 상무위원회 회의를 소집하고, 중앙서기처의 업무를 주재함으로써 당 운영의 핵심적 역할을 한다.

총리는 국무원 소속이다. 국무원은 중앙인민정부이며 최고 국가 권력기관의 집행기관이자 최고 국가 행정기관이다. 총리는 국가주석이 지명하지만 그 결정은 역시 전인대에서 한다. 총리 인선도 전인대의 결정을 국가주석이 반드시 따라야 하는 것이다.

총리가 전인대의 결정에 의해 선출되면 국무원 및 기타 구성인원을 인선하고 지명할 수 있다. 하지만 전인대의 결정을 거쳐 국가주석이 임명해야 한다. 국무원의 임기는 5년이며, 총리와 부총리 4명, 국무위원 8명, 각 부 부장 30명, 각 위원 주임 8명, 심계장(審計長, 감사원장) 1명, 비서장 1명으로 구성된다.

이 중에서 총리, 부총리, 국무위원은 1회에 한해 연임이 가능하다. 주요한 문제는 당서기에게 제안되어 정치국이나 상무위원회 의제로 상정한다.

역대 중국의 총리로는 1대 저우언라이를 시작으로 화구어펑(华国锋, 화국봉), 자오쯔양(赵紫阳, 조자양) 리펑(李鹏, 리붕), 주룽지(朱鎔基, 주용기)로 이어져왔다. 현 후진타오 국가주석 체제에서는 중국 인민들에게 인기가 높은 원자바오(溫家寶, 온가보) 총리이다.

부패에 대한 일벌백계 읍참마속 (一罰百戒 泣斬馬謖)

지난 2011년 7월, 중국 당국은 1억 위안(약 175억 원) 이상의 뇌물을 받아 '억만 탐관'으로 불리던 중국의 지방 고위 관료 두 명에 대한 사형을 집행했다. 부패 혐의로 사형 선고를 받은 쉬마이융 전 항저우(杭州, 항주)시 부시장과 장런제 쑤저우(蘇州, 소주)시 부시장 등에 대한 사형 집행을 실시했다.

중국에서 뇌물을 받았다는 이유만으로 고위관료를 사형시킨 것은 2007년 정샤오위(郑筱萸, 정소유) 식약품 감독관리국장 이후 4년 만이다. 이것은 후진타오 국가주석이 공산당 창당 90주년 기념식에서 '부패 문제 해결에 당의 존망이 걸려 있다'고 발표한 후에 바로 이어진 조치였다. 중국 정부의 강력한 부패 척결 의지를 보여주는 장면이라고 할 수 있다.

그동안 중국은 뇌물을 받은 고위관료들에게 사형 집행유예만을 선고해 왔다. 사형 집행유예는 중국에만 있는 것으로 2년 동안 수형 생활을 지켜본 뒤 형을 무기징역 등으로 감해주는 제도이다.

이번에 사형이 집행된 쉬마이융 전 항저우 부시장은 토지사용권 부여 등 부동산 개발업체의 뒤를 봐주는 대가로 1억 4,500만 위안(약 240억 원)의 뇌물을 받고, 국영기업의 돈 5,400만 위안(약 90억 원)을 횡령했다. 이렇게 챙긴 약 2억 위안의 돈으로 8채나 되는 호화 주택과 여자들까지 거느렸다고 한다. 장런제 전 쑤저우 부시장도 국유토지 사용권을 헐값에 넘겨준 대가로 부동산 개발업체로부터 1억 800만 위안(약 178억 원)의 뇌물을 받았다고 한다.

중국의 역대 왕조는 요·순 시대부터 사형, 무릎 자르기, 거세, 코 베기, 문신 새기기 등 다섯 가지를 오형(五刑)으로 삼았다. 그러나 문명이 발달한 오늘날 사형이라는 혹형을 제외한 나머지 신체형은 모조리 폐지됐다.

유일하게 남아있는 사형, 특히 이렇게 고위 관료들에게 전격적으로 사형을 실시하는 이유는 무엇일까? 그 숨은 뜻은 삼국지의 '읍참마속'의 고사에서 찾아볼 수 있다.

읍참마속은 《삼국지(三國志)》 촉지(蜀志) 마속전(馬謖傳)에 나오는 말이다. 제갈량이 첫 번째로 북벌에 나섰을 때, 위나라의 황제였던 명제는 남쪽 국경선에 진을 치고 있던 장합이라는 장수를 불러 기산으로 보냈다. 장합은 기산으로 가는 길의 북쪽에 있는 요충지인 가정(街亭)에서 촉나라의 선봉과 처음으로 충돌하게 되는데, 이를 단번에 격파했다. 이 가정의 촉나라 지휘 책임자가 바로 마속이었다.

전투에서 패한 이유는 마속이 제갈량의 지시를 어기고 자신의 생각에 따라 독단적이고 임의적으로 행동했기 때문이었다. 제갈량이 첫 번째 북벌에서 세웠던 작전이 가정에서 무너짐으로써 완벽한 실패로 돌아가고 말았다. 제대로 한 번 싸워보지도 못하고 군사를 모두 철수시켜야 했다.

한중(漢中)으로 돌아온 제갈량은 마속을 그냥 두지 않았다. 마속을 옥에 가두고 군법에 의해 그를 사형에 처했다. 마속의 나이는 그때 겨우 서른아홉으로 제갈량이 가장 아끼던 장수였다. 제갈량은 마속이 사형에 처해진 후 아들을 잃은 심정으로 많은 눈물을 흘렸다. '눈물을 머금고 마속의 목을 벤다'는 '읍참마속'이란 '공정함을 지키기 위해 사사로운 정을 버린다'는 뜻이다. 대중을 이끌어 나가고 법을 집행하는 사람은 사사로운 정을 떠나 공정하게 법을 운용해야 한다는 의미이기도 하다.

중국 경제가 빠르게 성장하면서 중국 사회는 양극화 현상이 극도로 심해지고 있다. 중국의 경제적 부는 고위 공직자에게 집중되고 있고 이들의 부패는 이미 사회적으로 큰 문제가 되고 있다. 이런 상황에서 중국 공산당은 체제를 유지하고 중국 사회가 살아남기 위해서는 부패에 대한 일벌백계의 본보기가 필요했던 것이다.

부정부패를 저지른 고위 공직자의 사형집행으로 중국 지도부에 만연한 부정부패가 척결되기를 중국 국민 모두와 당 지도부가 원하고 있는 것이다. 하지만 고위층의 부패만이 문제가 아니다. 이미 그런 부패는 아래층까지 퍼졌고 사회적으로도 뇌물의 고리가 만연해 있기 때문이다. 그런데 이런 부패의 양상이 중국만의 문제일까. 권력과 연결된 비리는 우리나라에서도 속속 드러나고 있다. 결국 중국이나 한국이나 그 비리 안에 서민의 눈물이 있기에 부패와의 전쟁이란 체제를 떠나 해결해야 할 모두의 숙제인 것이다.

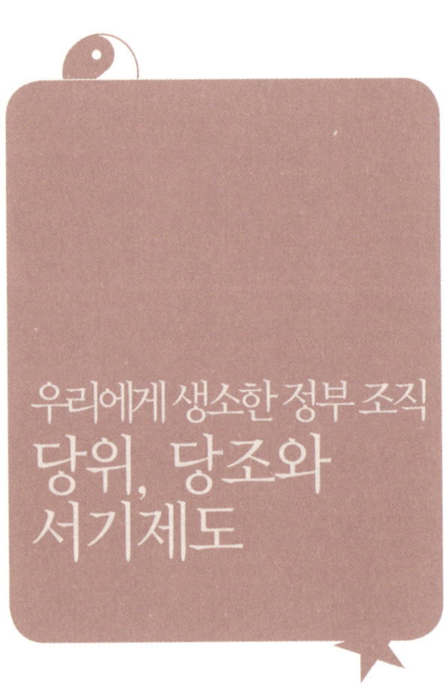

★중국에는 우리에게 생소한 정부 조직과 명칭, 제도 등이 있다. 특히 한국에 없는 중국의 모든 국가기구와 조직을 통제하는 공산당 조직체인 '당위(黨委, 공산당위원회−이하 당위)', '당조(黨組, 공산당 조직−이하 당조)' 제도는 중국 진출에 앞서 반드시 알아야 할 중요한 제도이다. 위에서 서술한 것처럼 후진타오 국가 주석은 중국 공산당 총서기를 겸직하고 있다.

중국에서 공산당은 실질적인 중국의 최고 실력 기구다. 따라서 중국 공산당 총서기는 공산당의 최고 실력자이며 지도자인 것이다. 그리고 공산당 조직체인 당위, 당조 제도는 중국 공산당을 유지시키는 핵심이자 동력이라고 볼 수 있다.

사회주의 국가인 중국에서 만약 그 실질적 권력의 속성을 모른다면 어떻게 될까? 아무리 비즈니스 전망이 좋아도 절대 장담할 수 없다.

시장과 서기의 관계

중국에서 당위, 당조제도는 중앙정부부터 지방정부, 국영기업 등 국가가 운영하는 모든 단위에 존재한다. 우리나라의 도(道)차원인 중국의 썽(省, 성)에도 당위, 당조가 있으며, 그 하부 조직인 지방 정부의 시(市), 씨엔(县, 현), 시양(乡, 향), 찌언(镇, 진)에도 모두 당위 제도를 두고 있다. 대학교에도 당위를 두고 있다.

예를 들어 베이징대학교 내에는 베이징대 공산당위원회와 당서기가 있고 칭화대학교에도 칭화대 공산당위원회 서기가 있다. 국무원과 전국인민대표대회에는 당조를 두고 있으며, 각 국유 기업에도 당조 제도를 두어 관리 및 통제를 하고 있다. 일반적으로 CEO가 회사를 대표하지만 실제로 중국에서는 회사의 '당조', '주임(主任)'이 최종 정책 책임자라는 것이다.

따라서 이처럼 중요한 중국의 당위, 당조 제도에 생소하다면 문제가 심각해진다. 중국에서 비즈니스를 할 때 당위, 당조의 책임자에 대한 이해 부족으로 이를 과소평가 하거나 심한 경우 당위 서기(書記)를 소외시키는 경우도 있는데 이는 우물에서 숭늉을 찾는 격이나 마찬가지일 수 있다.

일반적으로 당위 책임자는 '서기'라고 하고, 당조의 책임자는 '주임’, 군의 당위원회 책임자는 ‘정치위원(政治委員)’ 등으로 부른다. 여기서 부르는 직함은 다르지만 거의 동일한 권력을 행사하고 있다고 보면 된다.

그렇다면 베이징시 시장과 서기는 누가 과연 서열이 높을까? 의견이 분분할 수 있지만 일반적으로 서기가 시장을 관리 감독하기 때문에 시장이 서기의 눈치를 보는 것은 확실하다. 또 시장이 ‘부서기(副书记)’를 겸임할 때가 많아 서기가 시장보다 서열이 높다는 의견이 지배적이다. 시장은 대외적으로 공무원이고 행정 담당자이다. 서기는 정책과 인사 및 예산권을 집행할 수 있는 자리이기 때문에 당위, 당조가 실질적인 권력 기구라는 것을 실제 보여주는 것이다. 지방 정부에서는 시장이 서기 혹은 부서기를 겸직하는 경우도 있다.

어쩌면 정부와 공산당을 하나의 체제로 볼 수 있는 중국에서 두 관계를 분리 해석하는 것은 모순이기도 하다. 하지만 가끔 관리 감독과 실제 업무 관장의 미묘한 관계 때문에 시장과 서기의 관계가 좋지 못한 경우가 발생하기도 한다.

한국 기업, 서기제도 몰라 낭패당한 사례

한국 공기업에서 중국의 당위, 당조, 서기제도를 몰랐다가 사업을 시작하지도 못하고 포기하는 경우도 왕왕 발생한다. 몇 년 전 중국 상하이에 갔다가 현지에서 베이징 출신의 한 친구를 만났다. 그 친구는 베이징 출신이지만 그 아버지가 중국 고위관료로 당시 상하이 최고 권력자 중 한 명이었다.

그 친구는 나와 애기를 나누면서 한국의 공기업에서 인민폐 10억 위안을 투자하는 엄청난 프로젝트에 대해 들어보았냐고 물어왔다. 그 친구의 배경을 아는 나로서는 그의 발언에 귀가 솔깃해졌다. 인민폐 10억 위안은 당시 환율로 약 1,300억 원 규모의 엄청난 금액이었다. 그 친구는 대뜸 이렇게 말했다.

"한국 공기업의 중국 진출은 결국 실패로 돌아갈 것 같은데 그 이유가 무엇인지 압니까?"

"그래요. 그게 무엇입니까?"

"실무자들이 중국에 대해 너무 모르기 때문입니다."

그 친구는 한국 공기업의 임원이 상하이시에 사업 협조를 얻기 위해 상하이 시정부에 자주 오는데 시장과 꽌시를 만들기 위해 전념하고 있다고 했다. 자기가 아는 바로는 상하이시 당서기가 이 같은 정보를 입수해 한국 공기업의 태도에 불만을 갖고 있다는 것이었다. 상하이시 공산당위원회 서기가 한국 공기업 대신 현지 중국 기업을 밀고 있어서 이번 사업을 추진이 매우 어려운 상황이라는 점을 지적했다.

또 그 친구는 한국 공기업의 임원들이 상하이시 시장을 만나기 위해 상하이 시정부 청사까지 왔다가 부시장 면담밖에 못하고 돌아간 구체적인 이야기까지 해주었다. 한국으로 돌아온 나는 알고 지내던 선배의 소개로 그 공기업의 임원을 만날 수 있었다. 나는 친구의 지적

사항을 조목조목 임원에게 전해주었다.

"중국 친구의 얘기를 들으니 이번 투자가 아마도 어려울 것 같다고 합니다."

"아니, 왜요?"

"상하이시 당서기가 한국 기업의 투자 진행에 대해 상당히 불쾌한 감정을 가지고 있다고 합니다."

나의 말에 그 임원은 화들짝 놀랐다. 내가 너무나 구체적인 상황을 알고 있었기 때문이었다. 하지만 나의 지적은 그 방대한 조직에 영향을 크게 미치지 못했다. 나 역시도 이 문제에 대해서 너무 깊게 관여하고 싶지 않았다. 자칫 잘못하면 내가 브로커처럼 비춰질 수 있기 때문이었다. 결국 그 사업은 중국 친구 얘기대로 성공하지 못하고 실패로 돌아갔다.

물론 그 공기업의 중국 진출 실패는 중국을 통제하는 공산당 조직체인 당위, 당조제도를 이해하지 못했던 것 외에 여러 문제점이 있었을 것이다. 하지만 당시 한국 공기업의 실무자들이 당위, 당조제도를 미리 알고 전략을 세웠다면 좀더 나은 결과가 나올 수도 있었을 것이다.

따라서 중국에서 개인이나 기업이나 사업을 추진한다면 당위, 당조제도의 근본인 사회주의 체제라는 것을 늘 염두에 두어야 한다. 중국이라는 경제적 파이가 크다고 해서 숲만 보아서는 안 된다. 숲속에 어떤 질서가 있는지 잘 살펴야 한다. 중국이라는 나라는 13억 인구를 공산당이라는 정치체제로 유지한다는 사실을 반드시 감안해야 한다.

한국 정당의 지역위원장과 당서기는 같은 급일까?

서대문구에서 민주당 위원장을 맡은 지도 7년이 넘었다. 현재 서대문 (을) 지역에서 민주당 지역위원장을 맡고 있다. 하지만 집권당 소속 위원장은 한 번도 못해본 야당 위원장이다. 야당 위원장이지만 나는 끊임없이 중국을 왕래하면서 중국에 고위공직자를 비롯해 언론인, 학자, 기업인 등 중국 인맥에 대한 시간적 투자를 하고 있다.

나는 우리나라 최초의 중국 전문 국회의원이란 꿈을 꾸기 때문이다. 신문기자 시절에는 중국 관련 기사를 다루기 위해 중국 취재를 다녔다. 정치권에 몸을 담은 후에는 베이징, 상하이 등으로 출장을 많이 다녔는데, 개인적으로 후베이성(湖北省, 호북성)과 쓰촨성(四川省, 사천성)에도 관심이 많다.

또 타이완에 친구들과도 지속적인 교류를 하고 있다. 몇 년 전 중국 후베이성에 출장을 간 적 있다. 항일 유적지로 유명한 '우한(武漢, 무한)'과 세계 최대의 댐으로 유명한 '장강삼협댐'이 있는 곳이다. 그곳에서 지방정부 고위 공직자를 만났을 때 일이다. 의례적으로 명함을 주고받았다. 나는 민주당 지역위원장의 명함을 건네주었다. 그는 명함을 받고 난 후 만찬 장소에서 내게 물었다.

"지역위원장이 어떤 직책입니까?"

아마도 중국 지방정부 고위 공직자의 눈에는 지역위원장이란 직책이 생소하게 느껴졌던 모양이었다.

"서울시 서대문구란 지역에서 민주당 당원의 대표로 여러 활동하고 있습니다. 지난 국회의원 선거에서는 민주당 후보로 출마해 낙선했습니다."

그 공직자는 내 설명을 한번 듣고는 이해하지 못하는 표정이었다. 특히 중국 공산당의 집권은 체제로 인해 자본주의 국가에서 야당 역할을 잘 이해하지 못하는 것 같았다. 의아한 듯 이렇게 물어보았다.

"그럼 서대문구에는 구청장이 있습니까?"

"지난 지방선거 때 민주당 구청장후보가 출마했다 낙선해 현재 구청장은 우리당 소속이 아닙니다."

"그럼 당시 민주당 구청장은 누구의 추천으로 선거에 출마했나요?"

다시 말해 공천은 누가 했냐는 것이다. 민주당 공천 과정을 간단히 설명해주었다.

"당의 구청장 공천은 당과 당원 그리고 주민들에 의해 선출됩니다. 만약 당내에 특별한 후보자나 경쟁 구도가 없을 때는 해당 지역 위원장이 중앙당에 좋은 인사를 추천할 때도 있습니다."

그제서야 그는 고개를 끄덕거리며 너털웃음을 지었다.

"그럼 당신은 민주당 서대문구 당서기군요."

중국 정부 기구에는 행정을 담당하는 관료가 있고 이를 관리, 감독하는 서기가 있다고 위에서 언급했다. 다시 말해 그 고위 공직자는 한국 정당의 지역위원장을 중국식 서기로 이해한 것이다.

이렇게 중국에서 어떤 사업이나 일을 하기 위해서는 체제가 다른 것을 충분히 이해해야 한다. 다름을 인정하고 그 다름이 어떤 것인지 정확히 파악하고 추진해야 한다. 그리고 중국 속으로 들어가 이해하다 보면 공산당 중심의 집권 체제야 말로 견고한 성 같은 것이며, 현재 중국을 유지시키는 한 축이라는 사실을 알게 된다.

중국의 통치 체제와 정치 구조

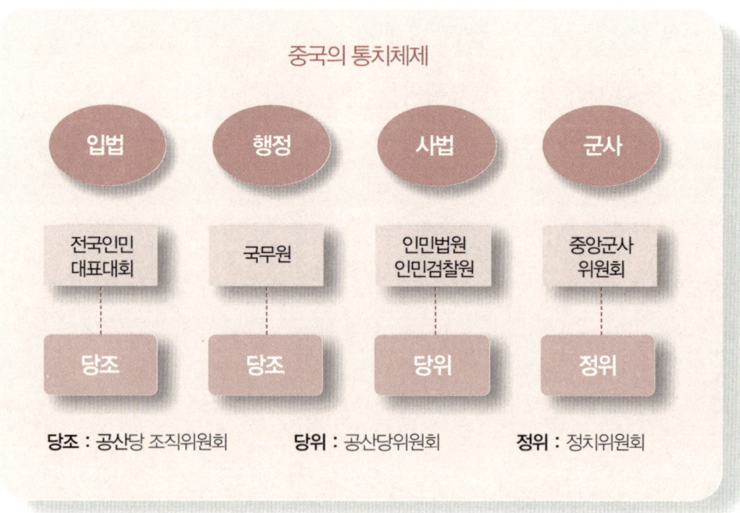

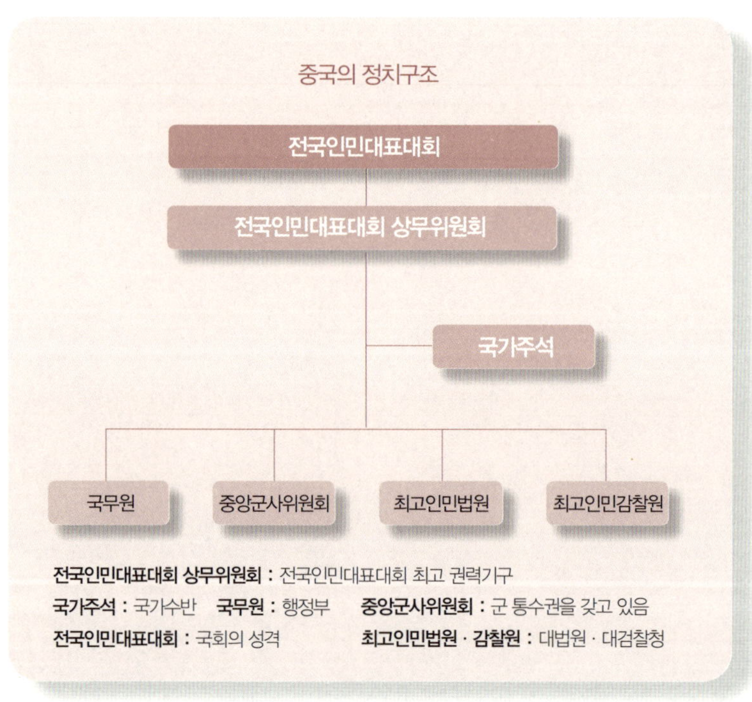

중국 통치
당위제
당조제

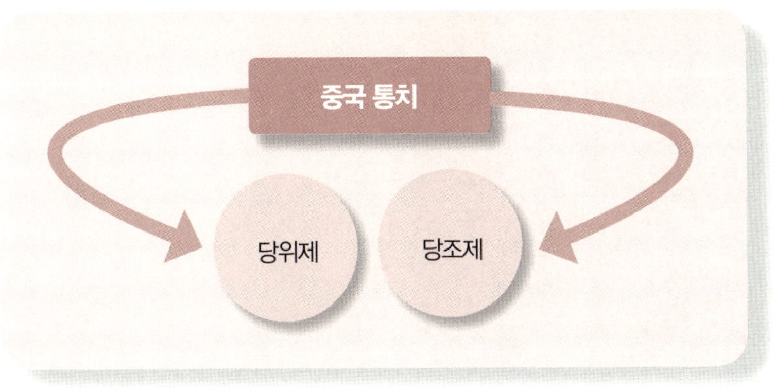

중국의 정권구조도

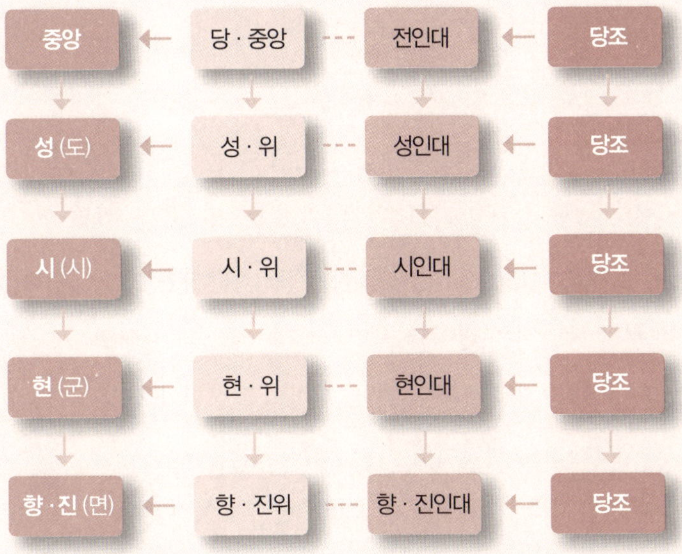

중앙
당 · 중앙
전인대
당조
성 (도)
성 · 위
성인대
당조
시 (시)
시 · 위
시인대
당조
현 (군)
현 · 위
현인대
당조
향 · 진 (면)
향 · 진위
향 · 진인대
당조

당 · 중앙 : 당 중앙 총서기
전인대 : 전국인민대표대회

성 · 위 : 성 당위원회 서기
성인대 : 성 인민대표대회

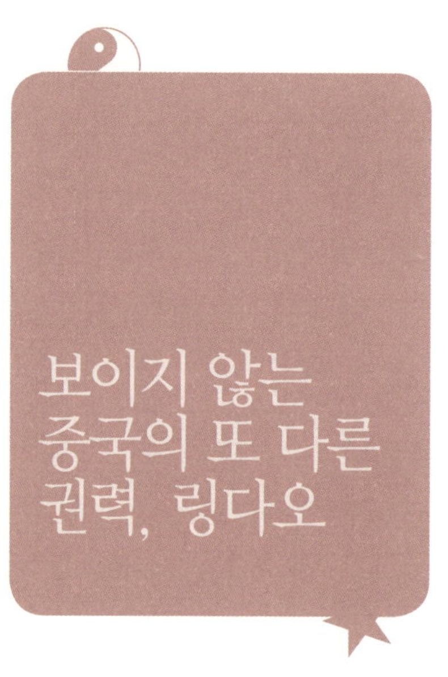

★★중국 권력의 핵심을 보았다면 이번
에는 그 속에서 중국 사회를 움직이는 또 다른 속성을 알아야 한다.
바로 '링다오(領導, 영도)'의 존재다. '링다오'라는 중국말은 동사로 '지도
하다. 영도하다. 이끌고 나가다'라는 뜻으로 명사로는 '영도자, 지도
자, 리더, 보스, 책임자, 고위 관계자, 지도급 인사, 간부, 상관' 등 중
국 지도부를 총칭하는 말이다. 즉 링다오는 국가의 주석일 수도 있고
공산당의 고위 당직자일 수도 있다. 회사의 회장이나 사장, 지역의 유
지 혹은 우리나라의 면장이나 이장일 수도 있다.

이 링다오들은 중국 사회에서 대단한 영향력을 행사하고 있는데 큰
(大) 링다오는 무소불위의 권력을 휘두르고 있다고 해도 과언이 아니
다. 그래서 중국과의 비즈니스를 처음 시작하려는 사람들에게 링다오

는 달콤한 유혹이 될 수 있다.

음식도 언어도 낯설고 아는 사람 하나 없는 외국에서 비즈니스를 하려는데, 그 사회에 대단한 영향력을 가지고 있는 사람과 친분을 맺게 된다면 얼마나 큰 도움이 되겠는가? 게다가 중국의 전국구로 활동하는 큰 링다오들은 대륙 전체에 엄청난 인맥과 경제적인 기반을 가지고 있다. 이런 사람이 비즈니스를 돕는다면 중국에서의 사업의 성공은 당연히 따놓은 당상이라고 할 수 있다. 이 링다오는 과연 어떤 사람들일까?

전관예우로 막강한 영향력을 행사하는 링다오

링다오는 주로 중국 공산당 중심 세력 그 자체이거나 전직 고위 관료 혹은 그들의 가까운 친인척까지 포함된다. 현직에서 물러난 최고위층 링다오가 현 정권을 비판만 하지 않는다면 그들의 영향력을 존중해주는 것이 중국의 정치 문화이다. 이는 중국정치가 전관예우를 확실하게 보장한다는 것을 의미한다고 하겠다. 그 결과 한번 권력을 잡았던 사람이라면 큰 잘못을 저지르지 않는 이상 전관예우의 대접을 누리고 살아갈 수 있는 것이다.

지금까지 중국을 이끌어왔던 지배층만도 셀 수 없이 많은데 그들의 친인척까지 링다오가 된다고 생각해보자. 중국 내에 링다오의 수는 가히 가늠하기 힘들 정도로 많다고 할 수 있다. 그들의 영향력 또한 천차만별일 것이 분명하다.

그렇다면 중국인들은 왜 전관예우를 중시할까? 그 역시도 전통적으로 내려오는 중국인의 특성이다. 예로 《초한지》에는 패공 유방이 책사 장량과 장수 번쾌를 내세워 진나라를 멸망시킨다. 그런데 진나라가 함락되기 직전 유방은 진나라의 3대 황제 자영에게 항복을 권하는 사신을 보낸다. 자영은 눈앞이 깜깜해졌다. 살기 위해서는 저항보다는 투항을 해야 했기 때문이다.

진나라의 신하들은 자영에게 '유방에게 항복하면 멸족의 화를 면하고 만백성을 도탄에서 구할 것'이라고 읍소한다. 이에 자영은 신하들의 뜻에 따르기로 한다. '진나라의 운이 다했으니 백성들을 구할 수밖에'라는 말을 남기며 유방에게 항복하기로 한다. 이 소식을 전해들은 유방은 항복하러 온 자영 황제를 맞이하기 위해 막료들과 영문 밖으로 나가 마중을 나간다. 이미 패상에 이른 자영 황제는 유방을 만나자 깍듯이 예를 올리며 간청한다.

"패공에게 기꺼이 항복함으로써 백성들을 도탄에서 구하고자 합니다. 삼가 옥세를 바치오니 부디 받아주십시오."

"그대가 이미 천명에 순종했으니 그대의 생명을 구하고 일생을 편히 살게 해주겠소."

유방은 얼굴 가득 미소를 띠운 채 옥세를 거두며 자영에게 궁 안에 작은 거처를 마련해준다. 중국 사람들은 예전부터 항복한 자를 죽이는 것은 상서롭지 못한 일로 받아들였다. 중국 역사에서 나라가 멸망

할 때 그 나라의 황제나 제왕이 백성들에게 원흉의 대상일 경우, 전관예우는 지켜지지 않았고 엄한 처벌이 내려졌다. 하지만 비록 나라가 멸망했더라도 덕망 있는 황제나 제왕에게는 전관예우가 지켜지는 경우가 많았다. 물론 전쟁 과정에서 새로운 통치자에게 순순히 투항하고 충성 맹세를 했을 경우다.

중국의 링다오는 큰 링다오 일수록 자신의 정체를 쉽게 밝히지 않는다. 특히 큰 링다오의 친인척인 경우에 더욱 그렇다. 링다오로 통하지만 어떤 사람은 특별한 직책과 직위도 없기 때문에 신분 노출도 꺼린다. 그들에게는 명함이 없으며 두세 명 정도 되는 수행원과 함께 다닌다. 언젠가 우연히 만난 링다오는 특별한 사업상의 만남이 아니었음에도 불구하고 변호사까지 대동해 자리에 나왔다. 그는 호탕하고 거만한 목소리로 이렇게 말했다.

"나는 머리가 없소. 그래서 변호사를 데리고 다니지. 하하하하!"

15평 남짓한 음식점의 홀을 쩌렁쩌렁 울리게 하는 링다오의 웃음소리는 대륙의 호방함을 그대로 보여주는 듯했다. 링다오 수준은 그들이 타고 다니는 차, 그리고 자동차 번호 , 휴대전화 번호 등으로 짐작해볼 수 있다. 자신을 대표하는 번호에 중국인이 가장 좋아하는 숫자인 8이 얼마나 많은지, 또 그들이 얼마나 고급 식당을 사용하는지로 자신의 수준을 보여준다. 링다오는 식사 대접에 적극적인 편인데 이는 접대가 곧 체면이기 때문이다.

많은 링다오 중에 진짜 링다오를 구분하라

중국의 비즈니스에서 가장 위험한 것이 바로 링다오다. 중국 비즈니스를 하다보면 자신을 링다오라고 소개하는 사람들을 만날 기회가 많다. 거물 링다오건 작은(小) 링다오건 말이다. 링다오를 만나서 접대를 하고 그들의 인맥과 경제력에 넋을 놓는 순간, 객관성과 판단력을 잃기 쉽다. 링다오가 말하는 '펑요우(친구)'와 '꽌시(관계)'라는 말, 그리고 '커이(可以, 가이-가능하다)'라는 말에 헛된 욕심을 품게 되기 때문이다.

반복해서 강조하겠지만 중국 사람과 관계 맺기 위해서는 시간과 공을 들여야 한다. 이들은 체면을 중요시 생각하기 때문에 '안 된다, 못 한다'라고 말을 좀처럼 하지 않는다. 거기다 누구에게나 쉽게 펑요우라고 부른다. 이는 링다오도 마찬가지이다. 한두 번 만남에 잘 알지도 못하는데, 중국 내에서 대단한 권력을 가졌다고 말하는 링다오를 접대하게 된다면 그때부터 정신을 똑바로 차려야 한다. 그때부터 자신도 모르게 어떻게 비즈니스에 링다오를 이용할 것인지 어느새 상상의 나래를 펴기 때문이다.

나는 주변에서 이 링다오의 늪에 빠져서 접대한답시고 쫓아다니다가 이들의 큰 씀씀이에 돈은 돈대로 날리고, 사업상으로도 곤란한 지경에 빠지는 경우를 자주 보았다. 물론 링다오와 줄이 잘 닿아서 이들의 도움을 제대로 받을 수만 있다면 중국 비즈니스에서 천군만마를 얻은 것이나 다름없다. 하지만 한두 번 만나서 그 사람이 링다오인지 아닌지 어떻게 알겠는가?

링다오와 제대로 꽌시를 맺으려면 신중해야 한다. 무엇보다 시간을 투자해서 링다오를 평가하고 사람 됨됨이를 잘 살펴야 한다. 오랜 시간동안 마음을 나누면서 진정한 친구가 됐을 때 비즈니스를 논해야 한다. 링다오를 만난 순간 마음속에 생기는 한 방의 꿈과 그 줄을 꼭 잡아야겠다는 욕심이 중국 비즈니스에는 독약이 될 수도 있다.

링다오 체험기

검정색 아우디였던 것으로 기억한다. 중국 인민 무장 경찰 부대원 출신의 한 건장한 청년이 내가 묵고 있던 베이징의 호텔로 나를 데리러 왔다. 중국인 지인으로부터 링다오를 소개받기로 한 나는 검정색 아우디에 탔다. 시간이 오후 6시쯤이라 베이징 시내는 퇴근 차량으로 큰 혼잡을 이루었다. 하지만 기사는 멀쩡하게 가고 있는 앞차에다 경적을 수차례 보냈다. 한국 같으면 앞차의 운전자가 내려 거세게 항의할 수 있는 상황이었지만 그 차는 오히려 우리의 진로를 열어주기 위해 차선을 옆으로 바꿔주는 것이 아닌가.

경적 소리가 얼마나 요란했는지 타고 있던 아우디 근처로 다른 차량이 접근하기를 꺼렸다. 기사는 호텔에 가는 내내 앞차에 계속 경적을 울려댔다. 빵빵~~~. 기사는 혼자말로 '조카이 조카이(走开, 비켜 비켜)！' 라고 신경질적인 반응을 보였다. 한국에서는 외국 손님을 태운 차량의 기사가 이 같은 행동을 보이면 실례이지만 이들은 나에게 자신들의 권력을 과시하고 싶어서인지 아무렇지 않게 소리를 질러댔다. 앞길을 비켜주는 차량들 덕분에 가려던 호텔에 생각보다 일찍 도착했다.

호텔은 베이징 시내를 조금 벗어나 있었지만 새로 개장한 근사한 호텔이었다. 로비는 고풍스러운 소파와 유럽식 샹들리에로 멋지게 장식되어 있었다.

나는 마중 나온 사람의 안내에 따라 2층 룸으로 들어갔다. 룸은 두 개로 이루어져 있었고, 첫 문을 열자 차를 마실 수 있는 공간이 나왔다. 깨끗하게 정리된 이 방은 마치 유럽의 귀족들이 사용하는 서재처럼 잘 꾸며져 있었다. 하지만 그 공간에는 아무도 없었다. 중국 전통 복장인 빨간색 치파오를 잘 차려입은 식당 여종업원이 슬쩍 귀뜸해주었다.

"이미 링다오가 도착해서 기다리고 있어요."

여종업원이 두 번째 문을 열어주자 몹시 크고 휘황찬란한 룸 안에는 다섯 명의 남성과 한 명의 여성이 나를 기다리고 있었다. 그중 나를 이곳으로 초청한 지인이 반갑게 맞아주었다.

"니하오? 니하오?"

서로 인사를 나누는 동안 원탁 테이블 중앙에 앉아 있는 남자가 오늘의 주인공인 '링다오'라는 것을 단번에 알아차릴 수 있었다. 40대로 중반으로 보이는 링다오는 약간 마른 체구에 매우 다부져 보였다. 나의 지인은 방에 있던 사람을 한 사람 한 사람 소개했다. 오늘의 만찬에는 링다오와 그의 측근 4명, 또 나의 지인 1명을 포함해 나까지 총 7명이었다.

나는 링다오에게 인사를 하면서 명함을 건넸지만 그는 명함을 가져오지 않았다면서 미안하다고 사과했다. 그냥 링다오의 얼굴 자체가 명함인 것 같았다. 그는 술자리가 끝날 무렵에서야 메모지에 자신의 이름과 전화번호를 적어주었다.

"다음에 베이징에 오면 꼭 연락하세요."

서열에 따라 원탁 테이블에 앉기 시작했고 나는 링다오 옆 좌석에 앉았다. 좌석 배치는 마치 약속이나 된 듯 모두 질서 있게 자기 자리를 찾아 앉았다. 우리가 좌석에 모두 앉자 종업원들이 차례로 들어와 각자의 찻잔에 따뜻한 차를 따라주었다. 이쯤 되자 링다오는 가장 젊어 보이는 자신의 측근에게 무엇인가를 가져오라고 사인을 보냈다.

잠시 후 그는 한 권의 사진첩을 가져왔다. 링다오는 내게 사진첩을 보여주었는데 그 사진첩 안에는 놀랍게도 우리에게도 잘 알려진 중국의 지도자 4~5명이 눈에 띄었다. 이 링다오는 중국의 최고 실력자들과 어깨동무를 하고 있는 사진을 소개하며 그 사람들과의 친분을 은근히 자랑했다. 그런데 나중에 알고 보니 이 링다오는 사진첩에 나온 중국 최고 실력자의 친인척이었다고 한다.

만약 한국에서 어떤 사람이 대통령과 함께 찍은 사진을 보여주며 친분을 과시했다면 어땠을까? 나는 링다오의 이 같은 행동이 유치해 보였지만 한편으로 흥미로웠다. 링다오는 중국 후베이성에서 생산된 최고급 담배를 나에게 건네주면서 60도에 가까운 중국 백주도 권했다.

그날 식탁에 차려진 고급 음식은 중국에서 처음 먹어보는 것이 많았다. 술자리가 점점 깊어갈수록 링다오는 더욱 호탕해졌다. 특이한 것은 링다오의 측근들은 내게 술을 권하기만 했지 주로 자기들끼리 대화를 나눈다는 것이었다. 하지만 내 정면에 앉아 있던 젊은 여성은 무척 적극적인 자세로 그날 만찬의 분위기를 주도해나갔다. 이 여성은 아마도 링다오의 여비서 같았다. 이 여비서는 유창한 영어 실력뿐만 아니라 유머감각도 뛰어났다. 아마도 외국 사람을 많이 접대한 경험이 있던 것 같다. 우리는 그날 많은 양의 백주를 나눠 마시고 술도 많이 취했다. 만찬이 끝나자 링다오는 타고 왔던 아우디를 다시 내주며 나를 안전하게 숙소까지 데려다 주었다.

다음 날, 나의 중국 지인은 아침 일찍 전화를 했다. 어제 그 링다오가 나를 또 만나고 싶다는 것이었다. 나는 오후에 링다오와 차를 한잔 마시기로 했다. 오후 베이징 시내 한 찻집에서 그를 다시 만났다. 나는 어제의 접대에 감사의 말을 건넸다. 그는 어제 술자리가 매우 유익했다면서 내가 한국에 돌아갈 때 공항에 배웅을 못나갈 것 같다며 미안하다고 했다. 그리고는 미리 준비해온 쇼핑 가방에서 작은 선물을 내게 건넸다. 참고로 중국인들은 외국 손님을 접대할 때 기념품을 선물로 주는 경우가 많다.

"방금 모부장(장관)을 만나 얼마 후에 있을 공산당 90주년 기념 손목시계를 샘플로 받았는데 이 시계를 김 위원장에게 주고 싶어 왔소."

그는 이 시계가 한정판이기 때문에 기념이 될 것이라고 했다. 케이스를 열어보자 마오쩌둥 국가주석의 얼굴이 새겨진 손목 시계가 들어 있었다. 나와 링다오는 이틀 동안 비즈니스와는 전혀 상관 없는 이야기만을 나누었다. 하지만 그는 나에게 기대 이상의 친절을 베풀어주었다. 링다오는 왜 나에게 잘해주었을까?

우선 그는 내가 아니었더라도 자신의 체면을 위해 융성한 접대를 했을 것이다. 만약 외국 손님을 초청하고 째째하게 접대했다면 그것은 중국의 링다오가 아니다. 둘째는 그날 나와 링다오를 소개해준 내 지인의 체면을 생각했을 것이다. 그 지인 역시 베이징에서 고위급 인사로 통하기 때문이다. 마지막으로는 나의 체면을 배려했던 것 같다.

그 링다오는 영어를 할 줄 몰랐다. 그의 눈에는 외국인인 내가 중국어를 하니 반갑고 신기했던 것 같다. 더구나 내가 한국에서 정치를 한다고 하니 그의 생각에 나도 한국의 링다오(?)쯤으로 생각했을까.

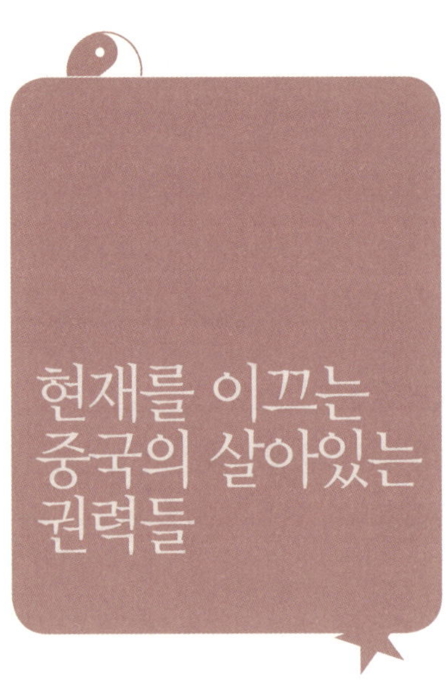

★ "중국에 혹시 태자당이라는 당이 있나요? 도대체 어떤 당인가요?"

"요즘 태자당이 중국을 움직인다는데 태자당에 아는 사람 있나요?"

중국에 대한 경험이 많다보니 중국에서 비즈니스를 하는 사람들을 만나면 이것저것 묻기도 하고 아는 사람 있으면 소개해달라는 부탁을 받기도 한다. 비즈니스에서 성공하기 위해서 실력자들과 꽌시를 만들려는 것이다.

문제는 경험이 많다고 해서 쉽게 얻어지는 게 아니라는 것이다. 더구나 21세기의 중국은 내가 유학하던 시절과는 하늘과 땅만큼이나 차이가 있다. 제대로 중국을 공략하고 싶다면 현재 중국을 움직이는 세력은 무엇인지 그 실체를 파악해보자.

지금 중국은 누가 움직이는가?

중국의 실제 세력들은 크게 태자당, 상하이방, 공청단을 들 수 있다. 그 중에서 태자당은 중국 당·정·군 고위층 인사들의 자제를 일컫는 말이다. 물론 중국 공산당 혁명 세대 자제들도 포함된다. 덩샤오핑의 자녀 및 사위를 비롯해서 당·정·군·경제계에 약 4,000명이 포진하고 있는 것으로 알려져 있다. 태자당은 한국식의 정당 구조는 아니지만 부모의 후광을 업고 도처에서 서로 네트워크를 갖추고 있어 중국의 정치, 경제, 사회, 문화 분야 등에 막강한 영향력을 행사하고 있다.

상하이방은 1985년 상하이 시장을 시작으로 1990년 중국의 당과 정부의 전권을 완전히 장악한 장쩌민의 후원에 힘입어 중국의 실세를 차지하고 있다. 상하이 출신 내지 상하이에서 고위 공직을 역임한 인물들을 통틀어 일컫는다. 1980년대 중반부터 현재까지 중국 정치에 막대한 영향력을 행사하고 있으며, 중국의 개혁과 개방 이후 중국 외교를 담당해온 대표적인 지역 인맥이다.

공청단은 '공산주의 청년단'으로 1920년 상하이에서 결성되었다. 그 이후 전국의 유능한 인재들을 영입하고 이들이 정계에 속속 진출하면서, 자연스레 중국 정계의 중심이 되었다. 공청단은 현재 중국 정계에서 가장 막강한 정치력을 지니고 있는 것으로 판단되고 있다.

중국에 영향을 미치는 세력은 중국 지도부가 어디 출신인가에 따라 중심 세력이 바뀌는 모습을 보인다. 후진타오 국가주석은 자신이 공청단 출신이기 때문에 공청단을 권력 기반으로 삼아 자기 세력을 꾸준히 심어왔다. 그 결과 현 집권기에는 이 세 조직 중에서 공청단의 위세가 가장 강했다고 보아도 무방하다. 하지만 최근에는 태자당과 상하이방의 연합 전선이 감지되면서 후진타오 국가주석이 이끄는 공청단이 수세에 몰리고 있는 형세다.

그렇다면 2012년 시작될 시진핑 시대에는 어떨까? 시진핑 국가부주석의 부친 시중쉰(習仲勳, 습중훈) 전 부총리는 혁명 원로로서 강직한 스타일이었다. 그의 아들인 시진핑은 태어나면서부터 태자당이었다. 그러니 시진핑 시대의 중심은 태자당이 될 가능성이 농후해 보인다.

일각에서는 태자당을 '현대판 붉은 귀족'이라고 말하기도 한다. 물론 어린 시절부터 최고의 교육을 받아 다양한 능력을 키운 점이 있다. 하지만 그보다도 부모의 힘을 등에 업고 과대평가받고 있다는 시각이 강하다. 권력의 핵심에 선 젊은 세대인 만큼 중국식 부패를 조장한다는 비판과 의혹이 뒤따르기도 한다.

그런 이유로 중국 내에서도 태자당에 대한 시선은 상당히 엇갈린다. 한편에서는 부러움의 눈길을 보이기도 하지만 다른 한편에서는 곱지 않은 따가운 눈길을 보내기도 한다. 사회주의의 기본인 기회의 공평함이 지켜지지 않는 원인이 되고 있기 때문이다. 태어날 때부터 선택된 집단이라는 시선과 이들의 행태가 향후 사회주의 체제의 중국에서 어떻게 나타날 지 주목된다. 태자당을 바라보는 중국 인민들의 시선을 고스란히 보여주는 말이 있다.

"우리 아버지는 리강이다."

고급 승용차를 탄 20대 청년이 여자친구를 기숙사에 데려다 준다고 대학 교정을 질주하다 두 명의 여대생을 치어 한 명이 숨지는 사건이 발생한 적이 있다. 하지만 그 청년은 사고를 수습하기는커녕 계속 달려서 여자 친구를 기숙사에 데려다주고 태연하게 그 자리를 떠나려고 했다. 사건을 목격한 학생들과 대학 경비원들이 차량을 포위하자 그는 사죄하기는커녕 이렇게 고함을 쳤다고 한다.

"고소하려면 해봐. 나의 아버지가 리강이다!"

'리강'은 그 지역 공안국 국장의 이름이었다. 중국 인민들 사이에 퍼져 있는 '나의 아버지는 리강!'이라는 표현은 '위아래도 없고 무서운 것도 없는 막돼먹은 태자당'을 뜻한다.

태자당을 잡아라

시진핑은 중국의 5대 국가주석이 확실시되고 있다. 그의 모태 세력이라고 할 수 있는 태자당은 우리가 외교적으로 경제적으로 그리고 민간의 차원에서도 간과할 수 없는 세력이다. 태자당은 좋은 교육과 경제적인 기반을 가지고 중국의 여러 분야의 떠오르는 신세대로 세력을 넓혀가며 상위 1%의 삶을 누리고 있다. 문화혁명이 끝난 후 제대로 교육을 받을 수 있었던 이들은 그 당시 당·정·군의 요직에 있었던 자녀들이었다. 이들은 1978년부터, 특히 1960년대 출신에 1980년대 학번으로 현재 40대 초반에서 50대 초반이다. 이들이 현재 전국의 링다오로 자리 매김하고 있다.

이름	배경	업무분야
후하이펑 (胡海峰)	후진타오 국가주석 아들	퉁팡그룹 웨이스공사 전 회장 (칭화퉁팡웨이스, 清華同方威視)
윈스턴 원 (원윈쑹, 溫雲松)	원자바오 총리 아들	뉴호라이즌 캐피탈(新天域資本) 사모펀드 운영
윌슨 펑 (펑사오둥, 憑紹東)	우방궈 전인대 상무위원장 사위	중광핵(中廣核) 산업투자 기금 회장
레빈 주 (주윈라이, 朱雲來)	주룽지 전 총리 아들	국제금융공사(CICC) 회장
장몐헝 (江綿恒)	장쩌민 전 국가주석 아들	상하이 알리안스투자(SAI) 경영
리후이디 (李惠鏑)	리창춘 정치국 상무위원 아들	차이나 모바일 부총재 (중국이동통신, 中国移动通信动)
리퉁 (李彤)	리창춘 정치국 상무위원 딸	중국은행 홍콩지점 사모펀드 운영
제프리 쩡 (쩡즈제, 曾之傑)	쩡페이옌 국무원 부총리 아들	카이신(改信) 창업투자관리공사 회장 겸 CEO와 중국 특수 물류주식회사 사장직을 겸임
류러페이 (劉樂飛)	류윈산 정치국 위원 겸 선전부장 아들	중신(中信) 산업펀드 이사장
조지 리	리투이환 전 정협수석 장남	독립 사모펀드 운영

▲ 중국 재계 · 금융계에 포진해 있는 '태자당' 출신 주요 인사

이들은 서로 끈끈하게 연결되어 어떤 사업이나 프로젝트든 서로의 힘을 빌려서 그 영역을 확대해나가고 있다. 이들은 중국의 국내 정치뿐만 아니라 외교와 경제, 그리고 국제 협력 분야에도 엄청난 영향력

을 미치고 있다.

우리나라 정치인들도 중국 정치권에 포진하고 있는 태자당 지도자를 예의 주시하고 잘 사귀어야 한다. 대표적인 지도자는 시진핑 국가부주석, 왕치산 부총리, 보시라이 충칭시 당서기, 위정성 상하이시의 당서기 등이 있다. 우리 정치인 중에 누군가가 이들과 제대로 된 꽌시를 맺는다면 앞으로 한중 우호 관계에 큰 도움을 주고받을 수 있을 것이다. 상대 국가의 권력의 헤게모니가 어떤 흐름인지 제대로 파악해 대처하는 것은 향후 수많은 민간 교류에 초석이 될 수 있기 때문이다.

태자당과의 만남

나는 중국에서 유학할 때에는 태자당의 존재를 알지 못했다. 베이징대 기숙사에 머물면서 주로 학교 관내에서 생활했기 때문이다. 내가 태자당 인사를 만나게 된 것은 2000년도 초반이었다. 신문기자를 그만두고 정치를 시작했을 무렵쯤으로 기억한다. 친한 타이완 친구로부터 친구 한 명을 소개받기로 했는데 베이징에서 소위 잘나가는 친구라고만 소개했다. 우리가 만나기로 한 장소는 베이징 시내의 어느 고급 호텔이었다. 그는 타이완 친구와 어릴 적부터 유럽에서 유학을 함께했다고 했다. 나이는 나보다 다섯 살쯤 어린 친구였다.

매우 짧은 머리를 하고 해외 명품 옷을 입고 호텔 로비로 걸어 들어왔는데 특이하게도 신발은 가죽 슬리퍼를 신고 나왔다. 역시 명품이었다. 그때가 초여름으로 그는 매우 자유분방해 보였다.

그는 내 친구를 만나자마자 얼싸안고 매우 기뻐하며 이야기를 나누기 시작했다. 그는 타이완 친구와 이야기를 하면서 멀뚱하게 서 있던 나에게는 한 번의 시선도 주지 않았다. 잠시 후 타이완 친구는 인사가 너무 길어진 것을 느꼈는지 나누던 이야기를 중단하고 그를 나에게 데려와 소개했다.

"아참! 깜빡했네. 나의 절친한 친구 진잉하오(金映豪, 김영호)인데 베이징대학교를 졸업한 한국 사람이야."

그러자 그는 금세 표정이 밝아지면서 내게 중국말을 할 줄 아느냐고 물었다. 내가 할 줄 안다고 답하자 자기와 잘 알고 지내는 베이징대 출신의 정부 공직자, 신문사 임원, 교수 등에 대해 이야기를 꺼냈다. 그는 '베이징대 출신이야 말로 중국에서 가장 유능한 인재들이 모여 있는 곳이라며 자신의 베이징대 인맥을 자세히 털어놓았다.

우리는 커피숍에서 한참 동안 이야기를 나눴다. 그는 내가 재미있는 이야기를 해주면 커피숍이 떠나갈 정도로 크게 웃어댔다. 그는 주위에 누가 있든 없든 눈치를 보지 않고 고급 자동차와 유럽 축구에 대해 높은 관심을 보였다. 나는 그날 만남 이후 그와 매우 가까운 관계가 되었다.

그는 호탕한 성격뿐만 아니라 돈 씀씀이도 매우 컸다. 그와 내가 만나면 대부분의 경비는 그가 지불했는데 그 이유는 내가 중국에 있기 때문이란다. 그는 내가 중국에 있을 때면 항상 자신의 손님이라고 말했다. 만약, 내가 식사라도 대접하려고 하면 자기가 한국을 방문했을 때 그때 돈을 내라고 너스레를 떨었다.

그는 몇 대의 고급 승용차를 타고 다녔는데 주로 독일산 아우디를 즐겨 탔다. 어떨 때는 독일산 최고급형 BMW 오픈카를 끌고 나오기도 했다. 나를 종종 고급 식당으로 초청해서 식사를 대접했는데 비용이 한국 고급 식당보다 훨씬 비쌌다.

나는 그를 몇 번 만나고 나서야 그가 태자당이라는 것을 알았다. 그의 아버지를 이 책에서 자세히 밝힐 수는 없지만 그의 아버지는 중국군 최고 고위직 인사 중의 한 명이라고 들었다. 그는 아버지 이야기를 거의 입 밖에 꺼내지 않았고 자신이 무엇을 하는 사람인지에 대해서도 함구했다. 물론 명함도 없었다.

그는 키가 매우 컸고 매우 건장했으며 얼굴도 군인을 연상시킬 정도로 강한 인상을 지니고 있었다. 그를 통해서 그의 아버지를 상상해볼 수 있었다. 하루는 내가 알고 지내던 한국 기업인이 내게 중국 부동산 사업과 관련한 부탁을 했는데 내 힘으로는 도저히 해결할 수 없는 일이라 그를 찾아 도움을 청했다.

그는 내 부탁에 대해 무척 자신 있는 표정으로 돕겠다고 했다. 그는 이 사업을 해결하기 위해서는 중국의 큰 링다오의 도움이 필요하다고 말했다. 그는 몇 명의 링다오 이름을 직접 거론하며 그들의 자녀들과 친분이 있다고 했다. 그리고는 자기가 직접 그들과 만나 이 사업에 대해 도움을 요청하겠다고 했다.

그런데 문제는 며칠 후에 발생했다. 그를 소개해준 타이완 친구로부터 연락이 왔는데 베이징의 큰 링다오와 선을 닿기 위해서는 적지 않은 비용이 들어간다는 것이었다. 그 금액은 나로서는 상상하기 힘든 큰 액수였다. 나는 이 사실을 한국 기업인에게 알리지 않았다. 한국 기업인이 내게 중국 사업을 부탁한 것은 내가 그보다 중국을 잘 알고 있다는 판단에서였다. 또 중국에서 이 같이 복잡한 상황에 부딪쳤을 때 나보고 잘 판단해 결정해달라는 의미가 강했다. 나는 바로 이 일의 진행을 중단시켰다.

나는 한국 기업인에게 내 힘으로는 이 사업을 해결할 수 없는 일이라고 말했다. 타이완 친구에게는 한국 기업인이 이 같은 중국 측의 비용 요구에 대해 이해하지 못할 것이라고 설명했다. 결국 한국 기업인이 내게 부탁한 비즈니스는 더 이상 진행되지 않았다.

나는 몇 년 후 그에게 또 한 번의 부탁을 한 적이 있다. 한국의 한 중소기업 IT업체가 중국 최대 이동통신회사의 임원과의 미팅을 내게 부탁했기 때문이었다. 그는 다행이도 자기가 잘 알고 지내는 임원이 있다고 했다. 그때 그는 나의 부탁에 대해 아무런 조건 없이 이동통신회사의 임원을 불러내 한국의 IT업체와 만남을 주선해주었다.

그 부탁 이외에 그와 나는 6년 동안 서로 어떤 비즈니스에 대해 논의한 적이 없다. 물론 서로가 서로에게 어떤 부탁을 해본 적도 없다. 나의 또 다른 중국 친구도 태자당과 사업을 하고 있어 태자당 비즈니스에 대해 가끔 얘기를 전해 듣는데 그 친구 말에 따르면 태자당의 씀씀이는 상상을 초월한다. 이제 그들은 중국 사업뿐만 아니라 해외 기업과의 M&A에도 손을 댈 정도로 대규모의 자산을 운영하고 있으며, 금융권에도 막강한 영향력을 행사하고 있다. 그들은 그렇게 정경 유착을 통해 중국 최대의 권력의 자리에 올라섰다고 한다.

특히 최근 중국 태자당의 비즈니스 규모는 워낙 크고 막강해졌기 때문에 그들과 꽌시를 맺고 그들에게 도움을 받기 위해서는 엄청난 '로비 자금'이 필요하다는 말도 들었다. 하지만 뚜렷한 직업도 없고 명함도 지니고 있지 않는 몇 명의 태자당에게 덥석 큰돈을 집어주고 비즈니스를 기대한다는 것은 바보들이 하는 짓이나 다름없다.

7년이 지난 지금도 중국에 가면 가끔씩 그 때 만난 태자당 출신의 친구를 만난다. 그는 지금도 나에게 무척 친절하고 아직도 나를 고급 식당으로 초청해 식사를 대접한다. 그는 한국에 온 적도 없고 내게 어떤 부탁한 일도 없다. 그는 지금도 항상 바쁘다. 그의 이야기를 들어보면 그가 손을 안 대는 비즈니스가 없을 정도로 중국 내에서 많은 분야에 직접 관여하고 있다. 하지만 내가 중국에 갈 때 마다 그가 관심 있어 하는 비즈니스는 바뀌어 있다. 그는 지금도 매우 풍요롭고 럭셔리한 인생을 살고 있다. 그가 어떤 비즈니스로 돈을 벌고 있는지 솔직히 모른다. 하지만 그는 항상 비즈니스가 잘 되고 있다고 말한다. 모든 태자당 비즈니스가 다 그런 것은 아니겠지만 내가 겪은 태자당 비즈니스는 알면 알수록 미궁에 빠질 뿐이다.

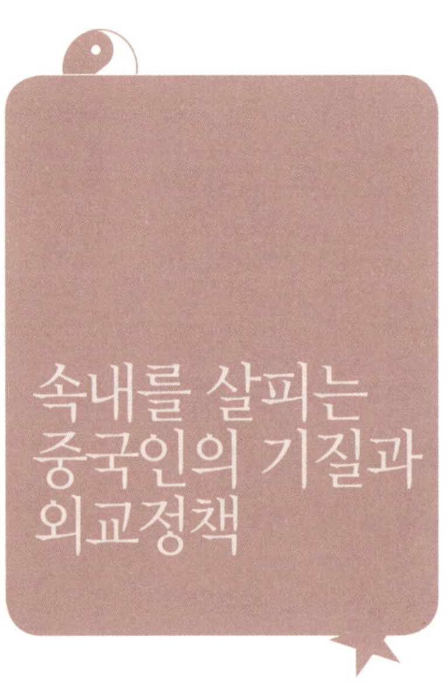

속내를 살피는 중국인의 기질과 외교정책

★중국인에 비해 한국인은 '튀는' 성격을 지니고 있다. 이에 반해 중국인은 상대방에게 자신의 존재를 드러내기까지 긴 시간의 관찰과 연구할 시간을 갖는다. 그리고 자신이 상대방에 비해 강하다고 확신했을 때 '본색'을 드러낸다.

그에 반해 한국인은 자신의 존재를 알리는 데 익숙하다. 우리 민족은 중국과 일본 틈바구니에서 그리고 한반도라는 지리적 위치에서 항상 우리 민족의 존재를 알려야만 생존할 수 있었고 다른 나라에게 흡수당하지 않았다. 그러다 보니 우리 선조들은 주변 국가에 의지하기보다 우리 스스로 생존할 수 있는 방법을 모색했다. 다른 나라로부터 침략당하면 단결하고 늘 주변 국가의 정세에 촉각을 세웠다. 그래서 우리 민족은 다른 민족에 대해서 배타적인 성향을 띤다.

우리 선조들은 한반도라는 지리적 환경을 이용해 중국과 일본 사이에서 중간무역을 하기도 했지만 동시에 외교적인 마찰로 인해 발생하는 위험도 항상 안고 있었다.

역사적으로 보면 중국과 일본은 호시탐탐 한반도 침략을 계획했다. 우리 조상들은 국력이 약했을 때도 그런 모습을 밖으로는 보여주지 않고 강한 면을 보이려했다. 임진왜란 때 수군통제사인 이순신 장군이 수병을 거느리고 왜군과 대치하고 있을 때를 보자. 왜군에게 해안을 경비하는 우리 군이 많다는 것을 과시하고 또 왜군이 우리 해안에 상륙하는 것을 감시하기 위하여 부근의 부녀자들로 하여금 수십 명씩 떼를 지어 산에 올라 곳곳에 모닥불을 피워 놓고 돌면서 '강강술래'를 했다.

고려 시대 거란이 침입해 왔을 때 서희가 담판으로 강동6주를 회복한 것도 그렇다. 당시 우리의 전력을 노출시키지 않으면서도 상대국의 정세를 정확히 간파하여 외교적 승리를 이끈 것이다. 이 같은 역사적 배경이 있기에 우리나라 사람들의 기질은 우리보다 강한 상대에게도 자존심이 강하면서도 터프한 측면이 있다고 하겠다.

중국 사람은 처음 본 사람에게 자신의 속내를 보이지 않는 속성을 가지고 있다. 중국의 역사를 보면 왜 그런지 자연스럽게 나타난다. 중국의 역사 속에 그 많은 황제와 제왕들은 패권을 차지하기 위해 치열한 당파 싸움과 전쟁을 수없이 치러왔다. '난다 긴다'하는 유명한 책사와 간신들의 권모술수도 수없이 등장한다. 만약 황제나 제왕 주변의 책사나 간신에게 잘못 보이면 상상하지도 못하는 엄벌이 떨어졌고 심지어는 자신의 목숨뿐만 아니라 9족까지 처형당할 정도였다.

이 같은 역사 속에서 중국인은 자신의 존재를 드러내기보다 상대편의 속내를 관찰하고 염탐하는 습관이 알게 모르게 배어 있다. 그 때문에 중국 사람을 대할 때는 절대로 외모나 느낌으로 평가해서는 안 된다. 이에 관한 고사성어를 보자.

유비의 '도광양회(韜光養晦)'를 이은 덩샤오핑

삼국지에서 유비를 보면 이 같은 중국인의 기질이 잘 표현된다. 유비가 힘이 없어 조조에게 의탁했을 때 일이다. 조조는 유비의 야심을 알아보기 위해 술상을 차려놓고 시험해본다. 조조가 유비에게 천하의 영웅은 누구냐고 묻자 당시 강호를 주름 잡던 원소, 원술, 손책 등을 들먹이며 자신의 '대망'을 숨긴다. 유비의 답변이 시원치 않자 조조는 자신의 최고 라이벌인 원소에 대해 얘기를 꺼내며 폄하해 버린다.

"겉모양은 번듯하나 담대하지 못하고 일을 꾸미기는 하나 실행할 힘이 없으며 사소한 일에 목숨을 거는 작은 인물이다."

그러면서 여기에 그치지 않고 의중을 떠본다.

"영웅이란 가슴에 큰 뜻을 품고, 배에는 좋은 지모가 가득해 하늘과 땅의 기운을 마음대로 부릴 줄 아는 사람이다. 그에 합당한 사람은 나와 유비뿐이다."

조조의 말을 들은 유비는 깜짝 놀란다. 자신이 감추고 감춘 속마음을 조조에게 들켰다고 생각했기 때문이었다. 어찌나 놀랐으면 손에 들고 있던 젓가락마저 떨어뜨렸다. 그런데 마침 그 순간 천둥번개가 크게 치는 것이 아닌가. 유비는 놀란 가슴을 조조에게 숨기기 위해 바로 상 밑으로 몸을 숙이면서 벌벌 떠는 연기를 하기 시작했다. 천하의 유비가 천둥소리를 듣고 상 밑에서 벌벌 떨자 조조는 호탕하게 웃으며 견제를 늦춘다.

"유비 장군이 천둥번개를 무서워하다니요."

유비는 이 같은 연기력 덕분에 조조의 진영에서 무사히 빠져나올 수 있었다. 이 대목을 중국 사자성어로 찾아보면 '도광양회'라고 말할 수 있다. '자신의 재능을 밖으로 드러내지 않고 인내하면서 기다린다'는 의미로 한자 그대로 풀이하면 '칼날의 빛을 칼집에 감추고 어둠 속에서 힘을 기른다'는 뜻이다.

그런데 도광양회라는 사자성어가 현대 중국에 와서 새롭게 인용되고 있다. 중국의 현실과 그들의 속성을 그대로 대변했다. 즉 지난 1980~1990년도 당시에 중국의 덩샤오핑이 개혁 개방정책을 표방하면서 중국의 대외 정책을 가리키는 표현으로 자주 사용된 것이다.

덩샤오핑은 대외적으로 불필요한 마찰을 줄이고 내부적으로 국력을 키우는 것을 외교정책의 기본으로 삼았다. 이런 정책은 당시 미국을 비롯한 유럽의 열강들에 대항할 만한 국제적 위상을 갖추지 못한 중국이 펼칠 수 있는 가장 현실적인 방법이었다.

중국은 자국의 힘을 키울 때까지 국제 사회에서 침묵을 지키면서 강대국들의 눈치를 살피는 도광양회 전략을 외교정책의 기본으로 삼고 20여년 간 철저하게 준비했던 것이다. 그 이후 중국이 1990년대 기록적인 경제 성장을 통해 오늘날 G2라는 위상에 오르는 데 중요한 구실을 했다. 그럼 여기서 중국인의 기질을 잘 표현하는 또 다른 사자성어를 찾아보자.

중국인의 가슴에 심어진 고사 – 와신상담(臥薪嘗膽)과 권토중래(捲土重來)

이들 사자성어의 속뜻은 결국 '힘을 키워서 두고 보자'는 것이다. 우리 말에 '두고 보자는 사람치고 무서운 사람 없다'는 말이 무색할 정도로 중국인은 마음속 깊이 원한이 사무치면 힘을 키워 꼭 갚는 기질이 있다고 한다. 이 처럼 무서운 중국인의 기질을 잘 표현한 말이 '와신상담'이란 사자성어이다.

이는 소설 《손자병법》에 나온다. 중국 춘추전국 시대 때 오왕(吳王) 합려가 군사를 이끌고 월(越)나라를 쳐들어갔는데 이때 월왕 구천이 쏜 독화살에 맞고 죽게 됐다. 합려는 죽을 때 태자인 부차를 불러 이른다.

"너는 구천이 이 아비를 죽인 원수라는 것을 절대 잊지 말아라."

부차는 나라에 돌아오자 장작 위에 자리를 펴고 자며 방 앞에 사람들을 세워 두고 나고 들 때마다 외치게 했다.

"부차야, 아비 죽인 원수를 잊었느냐?"

이 같은 소식을 들은 월왕 구천은 먼저 선수를 쳐서 오나라에 쳐들어갔으나 패하고 만다. 결국 오나라 왕 부차에게 항복한 후 포로가 되어 아내와 함께 갖은 고역과 모욕을 겪은 끝에 영원히 오나라의 속국이 되기를 맹세하고 무사히 귀국하게 된다.

구천은 돌아오자마자 자리 옆에는 항상 쓸개를 달아매어 두고, 앉았을 때나 누워 있을 때나 이 쓸개의 쓴맛을 되씹으며 '너는 그때의 치욕을 잊었느냐'며 자신을 학대했다. 그 이후 월왕 구천이 오나라를 쳐서 이기고 오왕 부차를 자살하게 만든 것은 이로부터 20여 년이 지난 뒤의 일이라고 한다.

여기에 《손자병법》의 '와신상담편'을 보면 더욱 충격적인 얘기가 나온다. 구천은 오나라 부차에게 항복을 할 때 상반신을 발가벗고 무릎으로 기어가 왕궁 뜰에서 꿇어 엎드리고는 연신 머리를 조아리며 빌었다고 한다.

이 광경을 지켜본 부차는 선왕인 아버지를 죽인 구천과 그의 부인을 살려주기로 하고 선왕의 무덤 곁에 석실을 만들어 구천 부부를 그곳에서 살게 했다. 구천 부부는 낮에는 말을 돌보고 밤에는 건초를 썰며 열심히 살았다. 몇 년의 세월이 흘렀지만 아무 불만 없이 아주 성실하게 살았다.

의심 많은 부차가 가끔 사람을 시켜 부부를 엿보게 했지만 어떠한 특이 사항도 발견하지 못했다. 부차는 점점 구천 부부에 대한 경계심이 사라지기 시작했다. 그러던 어느 날 부차가 병을 얻어 자리에 눕게 되었다. 구천은 이 소식을 듣고 왕궁으로 달려가 부차를 배알했다. 구천은 병으로 누워 있는 부차에게 자신의 의술을 시험하게 해달고 청했다.

"신이 월나라의 왕으로 있을 때 명의로부터 의술을 배운 일이 있는데 병자의 대변을 보고 그 병세를 아는 것입니다."

부차는 즉시 신하를 시켜 변통을 들어오게 한 후 그곳에 변을 보았다. 그리고는 구천에게 전해주었다. 구천은 변통의 뚜껑을 열고 손을 넣어 부차의 변을 움켜쥐었다. 그리고는 변을 꺼내 자세히 본 다음 혀로 핥기 시작했다. 이 광경을 지켜보면서 부차의 신하들은 모두 코를 움켜쥐고 있었지만 내심 놀라움과 감탄을 금치 못했다.

잠시 후 구천은 부차를 향해 꿇어 엎드리고는 말했다.

"감축 드리옵니다. 대왕의 병환은 곧 차도가 있을 것입니다. 석 달 안에 깨끗이 완치될 것이 옵니다."

이를 지켜본 부차 역시 놀라움을 감추지 못하며 감탄했다.

"그 어느 신하가 군의 변을 맛보고 그 병세를 진단하겠는가."

그런데 진짜로 부차의 병은 완쾌되었다. 부차는 너무나 감동한 나머지 잔치를 열고 구천에게 죄수의 옷이 아닌 새 의관을 선사했고 얼마 후 그를 본국인 월나라로 돌려보냈다.

구천은 본국으로 돌아와 부차에 대한 복수를 하기 위해 자기 자신부터 더욱 엄격하게 다루었다. 밤에도 잠을 자지 않았으며 겨울이면 방에 얼음을 갖다놓고 여름이면 화로를 끼고서 닦달했다. 잠도 침대를 쓰지 않고 장작을 깔아 그 위에서 잤다. 또 쓴 쓸개를 매달아 놓고 수시로 그것을 핥으면서 자신의 복수를 끊임없이 되새겼다. 그는 밤중이면 소리 없이 흐느껴 울었고 혼자 중얼거리며 이를 갈았다.

'구천아! 지난날 부차에게 당했던 그때의 수치를 잊었느냐!'

구천은 월나라를 재정비하고 군사를 키우기 시작해 20년 만에 부차에게 복수를 성공하게 된다. 중국인에게 얼마나 무서운 복수심과 인내심이 강한지를 보여주는 대목이다.

장쩌민의 유소작위(有所作爲)와 후진타오의 화평굴기(和平崛起)

중국 사람은 위에서 보듯이 힘을 키울 때 까지 자신의 존재를 드러내지는 않지만 힘을 키우고 나서는 자신의 존재를 알리고 영향력을 행사하고 싶어 한다. 좋은 예가 바로 요즘 중국 정부의 대외정책이다. 지난 1980~90년 중국의 대외정책은 '도광양회'를 내세워 힘을 키울 때까지 몸을 최대한 낮추었다.

하지만 개혁 개방의 힘을 얻은 중국이 급속한 경제 발전을 이뤄 내고 국력이 신장되자 달라지기 시작했다. 1991년 중국의 대외 경제 무역부 부부장과 미국 무역대표부 대표가 지적재산권 협상을 위해 마주 앉았다.

"우리는 좀도둑과 협상하러 왔다."

"우리는 강도와 협상하고 있다."

미국 대표가 독설을 퍼붓자 중국 대표가 미국 박물관 내 약탈해 간 중국 문화재를 지적하면서 되받아친 것이었다. 그 이후 중국의 장쩌민 국가주석은 이렇게 선언했다.

"대국으로서 책임지는 자세를 보이겠다!"

덩샤오핑의 오랜 도광양회 기조에서 벗어나 '유소작위'로 새로운 외교정책을 선언했다.

"중국이 세계 질서에 적극적인 자세로 관여하고 개입해 중국의 역할을 강조하겠다!"

이는 이제부터 중국이 미국과 함께 국제사회의 신질서를 주도하겠다는 뜻으로 중국의 강한 자신감의 표현이자 영향력의 확대를 의미하는 것이었다.

2002년 이후 후진타오 체제는 '화평굴기'라는 외교정책을 발표한다. '굴기'란 뜻은 '우뚝 서다'는 뜻이지만 중국 지도부는 '굴기' 앞에 화평이란 말을 집어넣었다. 즉 '평화적인 방법으로 우뚝 서겠다'는 것인데 정말 중국다운 표현이다. 중국은 이때부터 처음으로 자신들의 존재를 드러내는 '평화적 강대국'이란 외교정책을 수립했다.

하지만 미국으로 촉발된 금융위기가 유럽으로 이어지며 세계 경제가 급속도로 긴장되고 불안해지자 상황이 조금은 달라지고 있다. 미국이 세계 최대 외환보유국인 중국의 역할을 지속적으로 주문하고 있기 때문이다. 어쩌면 전혀 원인 제공을 하지 않은 중국이 그 책임을 떠안아야 하는 상황인 것이다. 이에 후진타오 국가주석은 '중국은 아직도 가난한 나라이다'라고 했는데 이는 그 부담을 그대로 보여주는 모습이다. 하지만 '이제는 거침없이 상대를 압박한다'는 '돌돌핍인(咄咄逼人)'이라는 말이 나오고 있다.

지난 중국의 반체제 인사 류샤오보(劉曉波, 류효파)에 대한 노벨평화상 시상식은 반쪽이 됐다. 중국은 세계를 상대로 시상식에 보이콧을 요구한 것이다. 이에 17개국 100여 개 국제 단체를 불참시켜 세력을 과시하기도 했다. 또한 일본과 센카쿠 열도 영유권 분쟁 때에는 희토류(희귀 광물의 한 종류로 열을 잘 전달하는 성질이 있다) 수출을 중단함으로써 일본의 항복을 받아냈다. 가면 갈수록 대담해지는 중국이다.

중국은 '유소작위'와 '화평굴기'라는 외교정책의 일환으로 세계의 신질서를 주도하며 G2 국가의 역할을 일정 부분 할 것으로 예상된다. 하지만 중국은 그 역할을 진행하면서도 '돌돌핍인'이라는 말로 자신의 입장을 확고하게 하겠다고 한다. 이런 상황에서 중국이 앞으로 또 어떤 사자성어를 들고 나와 새로운 외교정책을 세상에 알릴지 무척 궁금하다.

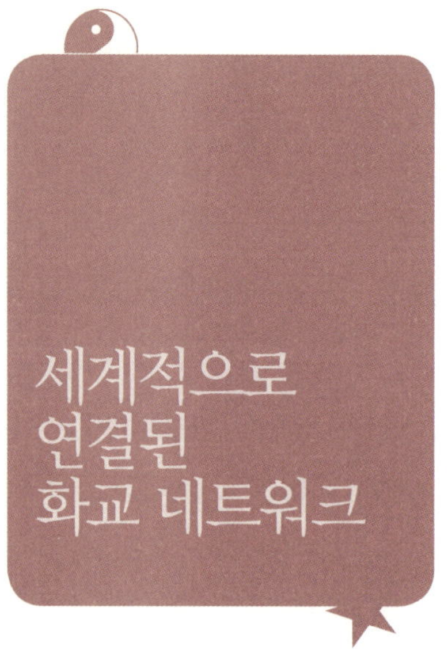

★ 최근 수많은 외국인이 한국에 들어오고 있다. 얼마 전 통계에 따르면 재한 외국인 100만 명 시대를 맞이했다고 한다. 외국인과의 결혼도 급증하고 있다. TV를 보면 외국 며느리 이야기도 많이 나온다. 이제 대한민국도 '다민족' 국가로 변해가고 있다. 그렇다면 우리나라에 가장 먼저 체류한 외국인은 누굴까? 일반적으로 중국인이라는 것이 정설이다. 바로 우리의 이웃인 화교이다.

대한민국에 체류하면서 우리 국민들과 함께 산업화와 민주화를 겪은 화교들. 하지만 그들은 한국 정부로부터 정치적인 불이익을 받기도 했다. 그런 상황에서 화교들은 중국인 특유의 부지런함과 성실성으로 이제는 한국 사회에 꼭 필요한 구성원으로 자리 잡았다. 그런데 고무적인 것은 우리가 한국에 정착한 화교와 적극적인 교류를 한다면 더 많은 정보를 얻어 중국 진출에 도움을 받을 수 있다는 점이다.

한국의 화교들

중국 화교가 한국에서 거주하게 된 역사는 거의 100년이 넘었다. 고종 19년인 1882년 임오군란 때 청나라 군대와 함께 경성(서울)에 온 화상(华商, 중국 상인) 40여명이 한국 화교의 시작이라 할 수 있다. 당시 화상은 청나라 군대를 돕기 위해 왔다가 군대가 장기 체류하면서 조선에 정착한 것으로 알려지고 있다. 그 후 화교들은 조선에서 특유의 상술로 많은 자본을 모았고, 화상의 조선 입국은 더욱 늘어나게 되었다.

화교의 경제력은 1920년대에 들어 더욱 막강해졌다. 서울, 인천에 분포해 있던 화교 무역 상인들은 주로 비단, 옷감, 면화, 양식, 고추, 마늘 등 각종 토산품을 중국에서 대량으로 수입해 이를 한반도 전역으로 판매했다. 당시 서울, 인천 지역만 해도 화교의 수는 6,000명 정도였다고 한다. 당시 경성 시민 중에서 세금을 제일 많이 내는 사람도 화교였다니 화상들의 상술이 얼마나 대단했는지 가늠해볼 수 있다. 이때 한국 내 화상의 경제 규모는 절대적이었다. 예를 들어 1946년 우리나라 전체 무역 수입총액의 82%를, 1948년에는 52.5%를 화상들이 차지했을 정도였다.

하지만 1948년 대한민국 정부가 수립된 후 화교의 경제 호황은 막을 내리게 된다. 이승만 정부가 화교 차별 정책을 시행했고 이어 박정희 정부 때 절정에 이르게 된다. 박정희 정부는 싱가포르, 인도네시아 등 동남아시아의 화교들이 국가 경제력을 장악하는 것을 보고 그것을 우려해 한국 화교에 대한 제도적 제한을 둔 것이다.

먼저 외국인에 대한 외화 사용 규제책으로 화교의 무역업을 봉쇄했다. 더욱이 박정희 정부는 화교들의 자본을 시장에 풀기 위해 '화폐개혁'을 단행했다. 정부는 화교들이 현금을 선호하고 그 돈을 집안 깊숙이 모아두는 것을 알고 있었다. 화폐개혁 결과, 화교들의 현금이 시장에 흘러나오게 되었다.

또한 엄격한 부동산 정책을 시행해 화교들의 부동산 획득을 법적으로 제한했다. 따라서 1960년대 전국에 4만여 명의 화교들이 한국을 떠나 미국, 대만, 캐나다, 호주 등지로 건너가기 시작했는데 최근에는 약 2만 명 정도의 화교만이 한국에 거주하고 있다.

하지만 1990년 후반부터 외국인에 대한 경제 규제 정책이 완화되고 최근 중국과의 교류가 폭발적으로 증가하자 한국을 떠났던 화교들이 다시 돌아오고 있다. 앞으로 한국 내 화교가 점차 늘어날 전망인데 이에 대한 정부의 적극적인 정책이 필요한 때이다.

예를 들어 서울에 거주하고 있는 65세 이상의 노인은 지하철 무임 승차권을 지급받고 있지만 서울에 살고 있는 화교들은 대상에서 제외되고 있다. 또한 지자체마다 상황이 다르지만 65세 이상 실시되는 무료 독감 예방접종도 화교들은 대상에서 제외되고 있다. 위에서 지적한 복지 분야는 한국 화교 2만여 명중에 65세 이상이 소수인 것을 감안할 때 예산이 크게 들지 않기에 정부나 각 지자체에서 검토해볼만한 사안이다.

그들도 정당하게 세금을 내고 있는 상황에서 이러한 보편적 복지 차별은 대한민국의 구성원으로 한국 화교를 소외시키는 것이나 다름 없다. 따라서 우리 정부는 한국 화교에 대한 따뜻한 정책을 마련해야 할 것이다. 이것이 글로벌 시대에 걸맞는 시대 정신일 것이다.

중화총상회는 세계 화상 네트워크의 창구

나는 서울시 서대문구에 살기 때문에 이웃인 화교들과 가깝게 지낸다. 화교들과 자주 모임도 갖고 중국 여행도 함께 다닌다. 그들과 만나면서 내가 한국에서 잊고 사는 중국에 대한 감각을 다시 일깨우곤 한다. 그들 중 잘 알고 지내는 사원창이라는 화교 선배가 있다. 서대문구 홍제동에서 한의원 원장을 하고 있어 경제적으로도 여유가 있는 편이다. 편히 살 수 있는 입장이지만 그의 한국 화교에 대한 열정은 정말 대단하다.

그는 병원 업무가 끝나면 화교 선, 후배들과 만나 한국 화교에 대해 많은 대화를 한다. 다른 나라의 화교에 비해 한국 화교들의 사회적 지위가 떨어지기 때문에 새로운 화교 시대를 열어야 한다는 것이 그 선배의 논리이다. 현재 사단법인 '한국 중화총상회(中华从商会)' 상임 부회장을 맡고 있어 한국 화교 사회의 젊은 리더로 꼽힌다.

한국 중화총상회는 지난 2005년 서울에서 열린 '제8차 세계 화상대회'를 주관해 세인의 관심을 받았다. 나 역시 중화총상회 자문위원으로 이 대회에 참여했는데 30여개 국의 화상 1,000여명이 서울 코엑스에 몰려 있는 광경은 정말 인상적이었다. 세계 화상대회는 싱가포르 중화총상회에서 처음으로 제정하고 조직한 것으로서 전 세계에 흩어져 있는 화상을 대상으로 경제 협력과 상호 이해를 촉진하기 위해 설립한 것이다.

나는 한국 중화총상회를 비롯한 국내 많은 화교단체들과 한국인이 교류했으면 한다. 화상의 전 세계 네트워크는 그 어느 민족보다 잘 발달해 있다. 예를 들어 중화총상회는 싱가포르, 말레이시아, 일본, 미국, 캐나다, 유럽 등 전 세계 30여 개 나라에 각기 본부를 따로 두고 있다. 만약, 한국 사람들이 '한국 중화총상회'를 잘 활용한다면 전 세계의 화상과 직접 교류할 수도 있고 그 나라의 현지 정보도 얻을 수 있다.

몇 년 전 나는 모 업체로부터 휴대전화 액세서리 수출 건에 대해 의뢰 받은 적이 있었다. 그때 한국 중화총상회를 통하지는 않았지만 중국 친구를 통해 인도네시아 현지의 화상을 소개받아 의뢰받은 일을 해결한 적이 있다.

대수롭지 않을 수 있지만 외국과의 경제 교류인 수출이나 수입은 우리나라의 경제의 기본 축이기에 매우 중요하다. 특히 중소기업이 개발한 좋은 아이템의 경우, 이런 화교와의 교류를 통해 진출할 수 있다면 이는 중요한 사업 파트너나 다름없다. 한국 화교들을 통해 현지에 가지 않고도 많은 정보를 얻을 수 있다. 만약 중국어를 못하더라도 화교 대부분이 중국어와 한국어를 모두 구사할 수 있기 때문에 걱정할 필요가 없다.

반면, 한국 화교도 한국 사람에게 서로 도움을 청하는 관계가 되어야한다. 위에서 말한 것처럼 군사독재 시절, 한국 정부의 차별화 정책으로 인해 한국 화상의 사회적 지위가 다른 나라 화교에 비해 높지 않은 것이 사실이다. 더욱이 정치적인 영향력은 거의 없는 편이다. 따라서 한국 화교들이 국내에서 인적 네트워크를 강화해나간다면 한국 사회의 구성원으로 자신들의 입지가 강화될 것이다. 한국 사람들은 화교를 통해 세계 화상을 만나고, 한국 화교는 한국 사람들과의 교류를 통해 사회적 지위를 재고해나간다면 이것이야 말로 정치권에서 즐겨 사용하는 상생의 법칙인 것이다.

China,
Know the
Difference!

한국과 무늬만
비슷한 중국 문화
내용이 다르다

‘중국은 더 가깝고
더 먼 나라다’라고 할 수 있다.
한중 두 나라는
자본주의와 사회주의라는
체제의 차이와
문화적 차이가
동시에
존재하기 때문이다.

★★중국과 중국인의 특징적인 면과 정치와 권력 등을 앞 장에서 살펴보았다. 이는 어쩌면 중국의 드러내는 실체적인 측면일 것이다. 그렇다면 이제는 중국인 안으로 제대로 들어가 보자. 중국에 가게 되면 실제 부딪쳐야 할 문제, 즉 그들의 다양한 문화적 속성이다. 이것을 제대로 파악하면 중국에 대한 자신감과 성공을 위한 전략을 얻을 수 있을 것이다.

'만만디'는 중국인의 느린 성격을 말한다. 하지만 중국 사람들이 사람을 사귈 때는 어찌 보면 우리보다 성급하다는 것을 느낄 수 있다. 이는 중국 사람과 술자리를 해보면 금방 알 수 있다. 술자리에서 중국 사람은 처음 대면한 사람에게도 '펑요우'라고 한다.

한국 사람이 중국에서 현지인과 술자리를 할 경우이다. 그들은 종종 '한국에서 온 친구들을 환영한다'며 서로의 관계를 펑요우로 설정한다. 그리고는 서슴없이 말한다.

"즐겁게 술 한잔 했으니 오늘부터 당신을 친구로 생각한다."

몇 달 후 두 번째 출장에서 그들과 또 한 번의 술자리를 갖게 되면 한 발 더 나아가 술잔을 높이 들어 건배를 제의한다.

"우린 이미 친구가 됐으니 이제는 당신과 나는 '라오펑요우(老朋友, 오래된 친구)'가 되었다."

얼마나 멋지고 화통한 말인가. 한국 사람은 이런 경우 그들의 건배 제의에 기꺼이 화답하며 술잔을 깨끗이 비울 것이다. 그런데 여기서 끝이 아니다. 세 번째 출장에서 그들을 만나면 한국 친구를 환대하며 더욱 깊게 관계를 설정한다.

"우린 이제 오래된 친구다. 이제부터 우리는 '슝띠(兄弟, 형제)다.'"

보통 이정도 분위기라면 한국에서는 서로의 나이를 따져가며 형, 동생을 결정할 것이다. 하지만 거기까지다. 중국 사람은 술자리에서 쉽게 '펑요우'나 '슝띠'라는 표현으로 손님을 흥겹게 만든다. 따라서 이 같은 정겨운 문화는 처음 몇 번 중국 출장을 간 한국 사람에게 큰 활력소를 불어넣기도 한다.

하지만 술자리에서 중국인들이 설정한 관계는 단어 그 이상도 이하도 아니다. 물론 10년 이상 관계를 지속한 경우에는 예외이겠지만 만약 초기에 이 말을 비즈니스 측면에서 해석했다면 낭패를 보기 쉽다.

중국인에 뒤통수 맞았다?

국내 한 중소기업에 근무 중인 A차장의 경험담이다. 그가 다니는 회사는 풍력발전 해외사업을 추진하고 있었다. A차장은 광활한 중국 대륙에 국내 기술로 풍력발전소를 세우겠다는 야망을 가지고 무작정 중국으로 뛰어들었다. 대학에서 중문학를 전공했지만 지금까지 자신의 전공분야와는 다른 분야의 업무만 해오다가 이 회사가 중국 진출을 한다고 하자 자리를 옮긴 것이 바로 6개월 전쯤이었다.

그는 중문과 출신답게 중국에서 활동 중인 대학 선후배를 찾았다고 한다. 바로 중국에서 사업을 하는 데 반드시 필요한 '꽌시'를 찾기 위해서였다. 마침내 한 달쯤 지나 선배로부터 연락을 받았다. 그 선배가 중국 쓰촨성 내에 지방 정부의 고위 공직자를 찾았으니 중국으로 들어오라는 것 아닌가.

쓰촨성은 중국의 서부권으로 최근 중국 정부가 경제 발전에 가장 중점을 두고 있는 지역이다. 특히 풍력사업을 할 수 있는 탁월한 자연 환경을 갖고 있어 A차장의 회사에서도 가장 적합한 곳으로 손꼽았던 곳이기도 했다. 더욱이 풍력발전 사업은 중국의 지방 정부 도움 없이는 할 수 없는 사업이다. 그런데 지방 정부의 고위 공직자와 연을 맺을 수 있다니 A차장은 부푼 꿈을 안고 얼른 짐을 꾸려 중국으로 건너갔다.

A차장이 소개 받기로 한 사람은 중국 서부권 지방 정부의 국장급인 중국인 B씨였다. A차장의 대학 선배는 쓰촨성 내 한 지역의 고급 식

당으로 B국장을 불러냈다. 얼핏 보면 순진한 시골학교 교사처럼 보였지만 눈매만큼은 매우 날카로워 보였다. A차장의 대학 선배는 대학 졸업 후 줄곧 중국 내에서 사업을 했던 터라 유창한 중국어로 B국장을 A차장에게 소개했다. A차장은 잔뜩 긴장했고 대학 때 배웠던 몇 마디 중국어로 더듬더듬 응대했다.

"지엔따오니 워 헌가오싱. (见到你我很高兴)"

―만나게 돼서 반갑습니다.―

이렇게 시작된 저녁식사 자리는 분위기가 무르익으면서 자연스럽게 술자리로 이어졌다. 중국의 독주(毒酒)가 돌면서 A차장은 긴장감이 풀렸고 화기애애한 분위기에 한층 좋아졌다. 그렇게 좀더 시간이 지나자 B국장은 A차장을 비롯한 한국 사람에게 펑요우란 단어를 꺼내기 시작했다. 순간적으로 A차장의 귀를 사로잡은 그 한 마디가 나왔던 것이다.

'펑요우? 펑요우? 그건 친구라는 말이잖아? 이 사람들이 처음 만난 나를 친구로 생각한다는 말인가? 그렇다면 오늘 접대는 대성공이야.'

크게 만족하며 기분 좋게 첫 번째 미팅을 마친 A차장은 중국에서의 사업 성공은 따논 당상이라며 흥분하기 시작했다. 그 후 만남이 이어질수록 펑요우는 오래된 친구라는 라오펑요우라는 수식어로 바뀌었고, 라오펑요우는 형제라는 숑띠로 바뀌면서 관계가 한층 깊어져갔다.

비록 중국의 지방 정부이지만 고위직 관리와 돈독한 관계를 다졌으니 사업 외에도 다양한 도움을 얻을 수 있다고 판단했던 것이다. 귀국

한 A차장은 큰 자신감을 보이며 이렇게 보고를 했다.

"이번 사업에서 결정적인 영향력을 행사할 수 있는 중국의 고위 관료와 의형제를 맺었으니 아마도 사업은 99% 성공할 것입니다."

하지만 비즈니스는 그의 예상과는 정반대로 결론이 났다. 사업은 성사되지 않았고 A차장은 회사에서도 곤란한 지경에 처했다. A차장은 아무리 생각해도 황당할 뿐이었다. 중국에서 B국장은 술자리를 할 때마다 온갖 수식어를 내뱉으며 간과 쓸개까지 다 빼줄 것 같이 얘기를 했기 때문이었다.

"그 자식, 언제는 나와 숑띠라더니 청탁은 하나도 안 들어주네. 술값만 엄청 쓰고 뒤통수 맞았어. 중국 사람은 도저히 믿을 수 없어."

'친구'? '펑요우'? 비슷하지만 다른 의미

중국인에게 '친구'는 한국인만큼 무척 중요한 존재이다. 그들도 '의리'를 매우 중요시한다. 그런데 그들은 왜 처음 만나거나 몇 번 만나지도 않은 한국인에게 '펑요우'나 '숑띠'라는 표현을 서슴없이 했을까?

이는 중국인에 배어 있는 하나의 습관이자 기질과 관련이 있다. 먼저 중국 역사를 보면 상인(商人)들이 우리나라와 달리 천시받지 않고 대접을 받았는데 장사를 잘하려면 누구나 마찬가지로 자신이 상대방에게 적의가 없음을 알려야 했다.

따라서 중국 사람이 인간관계를 맺을 때 '펑요우'나 '숑띠'라는 표현은 그런 마음을 전하는 중요한 수단인 것이다. 오랜 세월 관례적으로 몸에 밴 습관인 것이다. 전에 이 같은 습관에 대해 중국 친구에게 물어보았다.

"당신들이 펑요우나 숑띠라는 표현에 한국인이 가끔 오해를 하는데 이를 어떻게 생각합니까?"

10년 이상 친구로 지냈기에 의외적인 이 질문에 중국 친구가 박장대소하는 것이 아닌가. 그리고는 진지하게 답해주었다.

"전통적으로 내려오는 중국식 예의로 받아들였으면 좋겠습니다. 같은 중국인끼리도 이 같은 습관을 자주 보입니다. 하지만 우리가 외국인을 속이려는 것은 아닙니다. 한국인 입장에서는 충분히 오해할 수 있는 부분입니다."

중국인을 여는 지름길은 시간 투자

우리는 중국 비즈니스를 하면서 중국인 이상으로 꽌시에 너무 집착하는 경향이 있다. 물론 중국 비즈니스에서 연줄, 혹은 꽌시 맺기가 중요한 수단인 것은 틀림없다. 하지만 정성과 시간을 투자하지도 않고 맺어진 꽌시는 어떤 기대도 걸 수 없다는 것을 알아야한다. 즉 중국 비즈니스를 하면서 성공하려면 돈을 들어 접대하면서 시간을 줄이려고 하기보다는 시간을 제대로 투자해야 한다.

또한 중국에는 존칭어가 없기 때문에 사람을 사귈 때 자신보다 어린 사람도 '하오펑요우(好朋友, 좋은 친구)'가 된다. 그러기 때문에 중국인과 비즈니스할 때 나이를 잣대로 상대방을 평가해서도 안 된다. 한국처럼 선후배 관계를 설정할 필요도 없다. 나이가 자신보다 많든 적든 중국인에게 겸손하고 진실한 태도를 보이는 것이 중국인을 사귀는 데 가장 중요하다. 여기서 진정한 중국 친구를 얻으려면 어떻게 해야 할까?

첫번째가 중국어를 할 줄 알아야 한다. 통역을 두고 사람을 사귀는 것은 한계가 있다. 대화가 통해야 상대편의 감정을 읽을 수 있고 마음도 알 수 있다. 중국어가 유창하면 좋겠지만 기본적인 회화만으로도 서로의 감정을 느낄 수 있다.

두 번째는 중국의 문화를 이해해야 한다. 흔히 '일본을 가깝고도 먼 나라'라고 하지만 '중국은 더 가깝고 더 먼 나라다'라고 할 수 있다. 한일 두 나라 사이에는 문화적 차이만 있지만 한중 두 나라는 기본적으로 자본주의와 사회주의라는 체제의 차이와 문화적 차이가 동시에 존재하기 때문이다. 그런 중국의 문화를 빨리 배우는 방법은 중국인 친구를 다양하게 사귀는 것이다. 특히 중국에서 비즈니스를 하면서 그 무대에서 뭔가를 펼쳐보고 싶다면 중국 문화에 대한 폭넓은 이해는 기본이다. 중국 친구를 통해 알아보면 세밀한 부분까지 이해할 수 있다. 기회가 되면 여행을 많이 다녀도 좋다. 거대한 대륙인 중국에는 한족을 포함한 55개의 민족이 분포해 있다. 모든 지역마다 방언이 있고 음식, 기후, 문화가 다르다.

마지막으로는 다양한 인적 네트워크를 만들어야 한다. 어느 국가든 지연, 혈연, 학연 등이 존재하기 마련이다. 중국도 마찬가지다. 마당발이 돼야 진정한 중국 전문가로 통할 수 있다. 중국인과 지연, 혈연을 맺기는 어렵겠지만 학연만큼은 가능하다. 자신이 중국에 유학을 하지 않았더라도 중고등학교, 대학교 과정을 마친 한국 유학생이 많기 때문이다. 외국 유학을 부추기는 것이 아니라 이들은 유창한 중국어와 풍부한 문화적 경험, 특히 고교, 대학 동문들과의 학연이 있기에 이들을 통한 다양한 관계 맺기가 가능하다. 중국 사람도 동문 선후배만큼은 한국인처럼 많은 애정을 갖고 있다.

시간이 날 때 마다 중국에 대해 철저한 연구를 하면서 진정한 '펑요우'가 되도록 시간을 투자하자. '라오펑요우', '숑띠'가 되도록 중국 사람과 지속적으로 유대 관계를 갖자. 분명한 것은 중국에 대한 시간 투자야말로 중국 비즈니스를 여는 지름길이라는 사실이다.

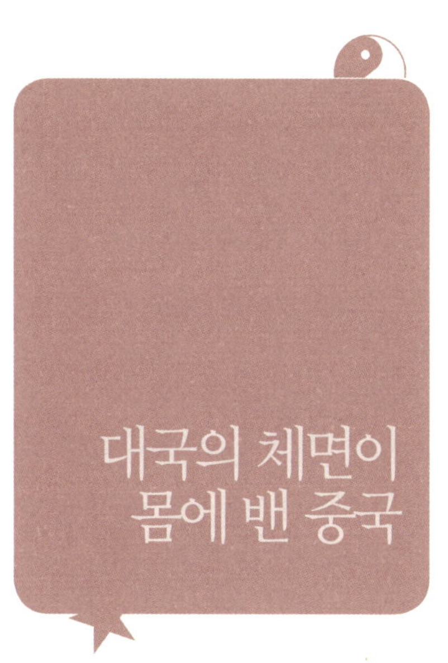

　　　　★한국 사람만큼 체면을 중시하는 민

족도 없다. 경제적 활동도 안하면서 명품 가방, 명품 의류만 즐겨 입

는 명품족이 그것이다. 최소한 중형자동차를 타야 호텔 로비에서 대

접을 받는 인식도 그렇고 양복을 잘 차려입어야 능력 있는 사람으로

인정받는 사회적 분위기도 그렇다. 이 모든 것이 한국 사회가 체면을

중시하기 때문이다.

　물론 누구나 체면을 중시하고 과시하고 싶은 욕망이 있다. 특히 한

국인과 중국인은 다른 나라에 비해 체면을 더 중시하는 경향이 있다.

혹자는 심지어 중국을 '미엔즈의 나라'라고 부른다. 중국은 전 세계적

으로 체면을 가장 중시하는 대표적인 나라 중 한 곳이기 때문이다.

　중국에서 식당을 가보면 중국인이 미엔즈를 얼마나 중시하는지 알

수 있다. 중국인이 식당에서 손님을 접대할 때 주문하는 음식 종류와 양은 우리의 상식을 뛰어 넘는 상상 그 이상이다. 또한 우리의 관점에서 보면 이상한 측면도 있다.

중국에서는 초청받은 손님의 그릇에 음식이 깨끗이 비어 있고 남아 있는 음식도 그리 많지 않았다면 그날의 손님 접대는 융숭하지 못했음을 의미한다. 때문에 손님을 대접할 때 음식을 과하게 주문하여 식사를 마치고 돌아갈 때 음식이 많이 남아있어야 초청한 사람의 체면이 선다. 특히 중국 사람들은 외국 사람을 초청했을 때 미엔즈 기질이 강하게 나온다.

미엔즈 기질은 명품 소비로 이어져

내가 신문사 재직 시절 중국 상하이 모 신문사와 제휴를 하기 위해 출장을 간 적이 있었다. 당시 신문사 대표와 출장을 갔는데 중국 신문사측 관계자가 상하이에서 매우 유명한 만두집으로 우리를 초대해 점심식사를 대접했다. 그날 점심식사에는 한중 신문사 관계자 총 6명이 있었다.

먼저 중국 신문사측에서 만두 전문집에 대해 장황하게 소개했다. 잠시 후 종업원을 불러 만두를 종류별로 주문하기 시작했다. 물만두, 튀김만두, 왕만두 등을 주문하고 그 다음에는 만두 속에 들어가는 재료에 따라 만두를 주문했다. 해산물, 새우, 오징어, 생선, 소고기, 양고기, 돼지고기, 야채 등 정신없이 주문이 이어졌다.

"호의는 감사합니다만 이렇게까지 안 하셔도 됩니다. 너무 많아 도저히 먹지도 못합니다."

"아닙니다. 우리 신문사에 온 귀한 손님이신데요."

이를 지켜본 우리는 너무 과하다고 만류했지만 결국 그들의 고집을 꺾지는 못했다. 그날 우리 식탁에 오른 만두는 총 40판이 넘었다. 우리는 중국 사람들의 성의와 체면을 생각해서 다 먹어보려고 애썼지만 결국 반도 못 먹었다. 식탁 위에 층층이 쌓여 있는 만두판 중에는 손도 못 댄 것이 많았다. 우리는 그들에게 미안한 마음이 생겼지만 오히려 그들은 식탁에 남은 만두를 지켜보며 접대를 잘했다는 뿌듯한 표정을 지었다.

사실 이 같은 미엔즈라는 허례허식은 중국 민족에 뿌리 깊이 존재하는 민족성이기도 하다. 대국적인 그들의 기질을 유감없이 보여주는 단면이기도 하다. 물론 이런 미엔즈 문화가 주춤했던 때도 있었다. 마오쩌둥이 단행한 문화대혁명 기간에는 중국의 경제 사정이 매우 어렵기도 했고 중국식 사회주의 체제를 완고하게 수립한다는 이유로 지식분자 숙청에, 미풍양속까지 단속했기 때문이다. 하지만 중국인의 미엔즈 기질은 결국 없애지 못했다.

최근에는 경제 급성장으로 인해 중국인의 소비풍토가 바뀌었다. 중국의 신흥 부자들 사이에서는 미엔즈로 인한 또 다른 현상이 나타나고 있다. 바로 명품을 선호하는 '명품족'이 급속히 늘고 있다는 것이다. 중국인의 미엔즈 기질을 공략하기 위해 전 세계 명품회사뿐만 아니라 한국 기업도 고급화로 상품을 차별화해 대거 중국에 진출하고 있다. 경제적 급성장으로 신흥 부자가 매일 같이 쏟아져 나오는 중국이야말로 전 세계 명품 시장의 황금어장인 것이다.

뒷돈보다 체면을 중시하라

예전에 우리나라도 그랬듯이 중국 비즈니스는 정치인들로부터 나오는 경우가 많다. 더욱이 중국은 사회주의 국가이니 비즈니스를 할 때 정치인, 관료, 공무원은 매우 중요한 존재이다. 이는 중국이 사회주의 체제 아래 시장경제를 하고 있지만 그에 따른 법적 제약이 많고 이같은 제약을 해결하기 위해서는 국가 공무원의 힘이 필요하기 때문이다. 또한 꽌시를 중시하는 사회적인 분위기와 이를 잘 활용하는 중국인의 기질 때문이기도 하다.

얼마 전 중국 베이징에 출장을 갔을 때 일이다. 한국에 있는 후배 한 명으로부터 전화가 걸려왔다. 후배는 자신과 잘 아는 한국 제조업체의 A사장이 현재 베이징 외곽에서 공장을 운영하고 있는데 어려움이 있으니 만나서 도움을 주었으면 한다는 것이었다. 친한 후배의 부탁이라 거절할 수 없어 다음 날, 베이징의 한 호텔에서 A사장을 만났다.

그는 공장 지역의 해당 공무원들이 협조를 하지 않아 공장 운영에 많은 애로사항이 있다는 하소연을 털어놓았다. 그런데 직감적으로 A

사장의 중국어가 서툰 편이어서 지역 공무원과 소통에 문제가 있을 것이라는 생각이 들었다. A사장은 지역 공무원들에게 돈을 집어줘야 할지 아니면 접대를 해야 할지 모르겠다며 이래저래 답답한 심정을 나에게 털어놓았다.

나 역시도 어떤 선택을 해야 할지 선뜻 조언을 해줄 수가 없었다. 중국 공무원의 태도가 점점 나아지고 있지만 여전히 부패한 공무원이 많기 때문이었다. 그렇다고 자존심 강하고 신변에 위험이 되는 '검은 돈'을 쉽사리 건네면 오히려 망신이나 화를 당할 수도 있었다.

나는 그 지역을 잘 알지 못해 그 지역 공무원을 알 만한 중국 베이징 시의 한 고위공무원을 불러냈다. 그와는 안 지가 3년이 넘은 사이였다. 잠시 후 그와 만나 A사장에 딱한 상황을 얘기하자 그는 자신도 그 지역의 공무원을 모른다며 동료 공무원 2명을 불러냈다. 저녁 시간까지 우리는 A사장으로부터 많은 얘기를 들었다.

하지만 얘기가 깊어질수록 공무원의 태도가 점점 어정쩡해지기 시작했다. 상황이 도와주기 힘들다는 것인지 아니면 '뒷돈'이 필요하다는 것인지 도무지 갈피를 잡을 수 없었다.

원래 남에게 돈 이야기를 꺼내지도 못하는 나로서 이 같은 상황에서 중국 공무원에게 뒷돈 얘기는 더더욱 꺼낼 수 없는 상황이었다. 그런데 번쩍 '펀문화(分文化, 중국인의 상술, 169페이지 이하 참조)'가 떠오르는 것이 아닌가. 나는 중국 공무원들과 농담을 주고받으며 넌지시 그들에게 이렇게 제안했다.

"루구오, 청꽁 다지아 요펀(如果, 成功 大家有分)."

－만약에 성공하면 모두 몫이 돌아갈 거야.－

그러자 3명의 공무원 모두 수줍은 듯 미소를 지었다. 잠시 후 공무원들은 휴대전화를 꺼내 지인들에게 전화를 걸어 A사장이 처해 있는 어려움에 대해 설명하면서 부탁했다.

매우 진지하게 한국 기업의 대표인 A사장이 자신의 친구인데 자기 얼굴을 봐서라도 이번 일을 잘 처리해주었으면 한다는 것이었다.

중국말로는 간단하게 이렇게 한다.

"게이워 미엔즈 (给我面子)"

－내 체면을 봐서라도－

위에서도 언급했듯이 중국 사람에게 미엔즈는 체면이지만 어찌 보면 그들의 자존심일 수도 있다. 자신과 상대방의 체면을 지켜주는 것이 중국인의 가장 큰 미덕이기 때문이다. 결국 그 일은 내가 한국에 돌아와서야 A사장으로부터 일이 잘 해결되었다는 연락을 받았다. 특히 A사장은 그 공무원들에게 감사의 표시로 '펀 (分, 몫)'을 챙겨줬는데 내가 알고 지낸 고위공무원은 내 얼굴을 봐서 거절했다는 기쁜 소식도 전해주었다.

그 중국 고위공무원은 나와 자신과의 관계를 고려해 나의 미엔즈를 생각해준 것이었다. A사장으로부터 전화를 받고 난 후 나도 바로 중국의 고위공무원에게 전화를 걸어 감사함을 표시했다.

"게이워 미엔즈 시에시에(给我面子 谢谢)."

－내 체면을 봐주어서 고맙습니다.－

최근 소식에 의하면 A사장과 소개시켜준 중국 고위공무원은 당시의 인연으로 지금은 나보다 더 가까운 사이가 되었다고 한다. 중국 비즈니스에서 미엔즈를 잘 활용하는 것도 인간관계와 성공 비결에 하나다.

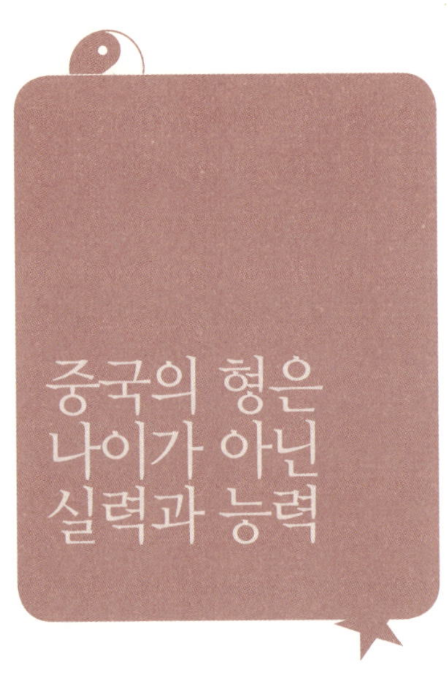

★중국의 《초한지》를 보면 천하통일의
대업을 실현시킨 유방과 역발산기개세(力拔山氣蓋世, 힘은 산을 뽑을 만하고
기운은 세상을 뒤덮을 만하다)라며 천하를 호령하던 항우가 나온다.

기원전 207년 두 사람은 유방의 제의로 의형제를 맺었는데 열여섯
살이나 어린 항우가 형이 되고 유방이 아우가 되었다.

그런데 이상하다. 아무리 생각해도 열여섯 살이나 어린 항우에게
형 대접을 한다는 것은 한국 사람의 시각과 상식으로는 도저히 이해
가 되지 않기 때문이다. 당시는 두 사람이 천하의 패권을 놓고 다투는
초기 단계였기에 유방과 항우의 실력 차는 매우 컸다. 항우는 초나라
의 명문가의 가문으로 숙부인 항량과 함께 봉기해 진의 마지막 황제
를 처형한 이름난 장수였다. 하지만 유방은 초나라 출신으로 외모는

출중했지만 서른두 살에 겨우 말직의 벼슬에 오른 주색을 좋아한 한량이었다.

결국 실력이나 가문으로 볼 때 모든 것이 불리했던 유방은 열여섯 살이나 어린 항우에게 형 대접을 하겠다고 나선 것이다. 즉 유방이 항우에게 형 대접을 해주면서 자신의 '야심'을 숨기며 중국의 천하통일이라는 대업을 꿈꾼 것이다. 정말 대단한 성취욕이다.

나이로 서열을 결정하지 않는다

그래서 일까? 중국인과 사귀고, 비즈니스를 하다보면 그들에게 나이란 전혀 문제가 되지 않는다. 나이를 서열로 생각하는 우리와는 딴판이다. 일종에 대범함일 수도 있고 거대한 대륙에서 수많은 나라가 흥망성쇠를 하다보니 생존 경쟁의 노림수가 강하다고도 할 수 있다. 중요한 것은 비유를 맞춘다는 생각을 버리고 중국의 문화를 이해하겠다는 생각의 전환이 필요하다.

중국에서 유학을 해본 사람이면 나이 때문에 기분이 상했던 적이 있을 것이다. 나이 어린 친구가 나이 많은 사람에게 펑요우라고 말을 건네면 한국 사람의 사고방식으로는 무시당한다는 기분에 바로 호통을 치고 싶은 마음이 들기 때문이다.

실제로 중국에 파견 나온 한국 대기업 과장에게 인도네시아 화교로 보이는 20대 청년이 펑요우란 호칭을 썼다가 야단맞는 광경을 목격한 적이 있다. 물론 야단맞는 인도네시아 화교는 영문도 모르고 호되게 꾸지람을 들었다.

"너는 나에게 펑요우라고 하면 안 돼, 나는 너의 큰 형뻘이야, 앞으로 나에게 절대로 펑요우라고 부르지 마, 알았지?"

이 광경을 본 나는 얼굴이 붉게 달아올랐다. 왜냐하면 7년 전의 일이 생각났기 때문이었다. 나는 타이완의 친구로부터 세계적인 전자부품회사의 대주주를 소개받았다. 물론 사업적인 이유가 아니라 우연한 기회에 소개받은 것이었다. 그 친구가 소개할 때만 해도 나는 그가 어떤 일에 종사하는지 몰랐다. 친구는 자기와 친한 형(大哥, 따그어)이라며 기분좋게 그를 소개했다.

"자오 리따그어(叫李大哥)"

－이형님이라고 불러.－

중국 문화를 잘 아는 나로서는 당연히 화답하며 그와 첫 인연을 맺었다.

"리따그어 니하오(李大哥你好)"

－안녕하세요? 이형님.－

그날 우리는 맛있는 저녁식사와 술을 한잔 하면서 친목을 다졌다. 그리고 체류 기간 동안 그와 세 차례 만나면서 '리따그어'가 어떤 일에 종사하는지도 알게 되었다. 그리고 몇 달 후에 리따그어로부터 한 통의 전화를 받았다. 자기 회사 직원이 한국에 가니 도와달라는 부탁이었다. 나는 전자부품 쪽에 아는 바는 없었지만 그 직원이 한국에 왔을 때 한국 내 방문 희망 업체에 직접 전화를 걸고 미팅에 함께 참여하며 그 직원을 도와줬다.

그 직원은 4박 5일의 출장을 마치고 본국으로 돌아갔다. 그리고 몇 달 후 리따그어로부터 또 한 통의 전화가 걸려왔다. 자신에게 한 번 와달라는 것이었다. 며칠 후 나는 영문도 모르고 리따그어에게 날아갔다.

리따그어는 지난번 자기 회사 직원에게 잘 해줘서 고맙고 직원을 도와준 것이 자신에게 큰 도움이 되었다고 했다. 그리고는 자기 회사의 한국 대리점을 맡아줄 수 있겠냐는 파격적인 제안을 했다. 그의 제안에 나는 리따그어 회사의 한국 지사장이 되었다.

중국에는 나이가 없다고 생각하자

나이 때문에 생겼던 해프닝은 지사장을 맡은 후였다. 그 후 리따그어가 한국 전자제품 시장 조사 때문에 방한을 했다. 문제는 그가 돌아가는 인천국제공항에서 발생했다. 우리 회사 직원이 리따그어의 출국 수속을 도와주는 과정에서 그의 여권을 보게 된 것이었다. 직원은 나에게 와서 흥분하며 말했다.

"사장님, 리따그어가 나이를 속였어요. 그 자식, 사장님보다 나이가 어린데 왜 형인 척하죠?"

솔직히 나도 내심 당황했다. 중국에는 나이 개념이 없어 어린 사람과 친구가 될 수 있다는 것은 알고 있었지만 나이 어린 사람에게 그동안 형이라고 불렀던 것이 은근히 자존심이 상했다. 나는 직원에게 태연한 척 말했다.

"그 사람은 나이를 속인 적이 없어요. 우리 친구들이 형이라고 부르니까 예의상 나도 형이라고 부른겁니다. 흥분하지 마세요."

하지만 나는 그때부터 리따그어가 달라 보이기 시작했다. 괜히 동생 같은 사람에게 따그어라고 부르려니 괜히 입이 떨어지지 않았다. 그리고 며칠 후 나는 리따그어를 소개시켜준 타이완 친구에게 이 같은 사실을 털어놓았다.

사실 그 친구도 리따그어보다 한두 살 많지만 나처럼 리따그어라고 부르고 있었다. 나의 이야기를 한참 동안 들어준 친구는 '허허' 웃으면서 말했다.

"따그어란 호칭은 상대방에 대한 존중의 표시입니다. 나도 리따그어의 나이를 모르지만 그를 존중하기 때문에 따그어라고 표현합니다. 어떻게 보면 문화적인 차이일 뿐이지, 호칭으로 당신을 제압하려고 했던 것은 아닐 것입니다."

중국 문화를 알고 있다고 해도 나도 한국인이기에 좋지 않은 감정이 생기는데 중국 문화를 모르는 한국인이 이 같은 일을 당했다면 어땠을까? 뒤에 자세하게 언급하겠지만 중국어에는 존댓말이 없다. 하지만 이 같은 언어 표현으로 상대방에게 존중을 표현하는 것이 중국 문화이다.

자신보다 어린 친구에게 따그어라고 부르는 것이 한국인에게는 매우 곤혹스러운 일일 것이다. 어느 광고의 대사처럼 대범하게 생각하면 어떨까 한다.

"나이는 숫자에 불과하다"

이 말이야말로 중국에서 인간관계를 맺거나 비즈니스를 할 때 가슴속 깊이 새기고 있어야 할 명언이 아닐까 한다. 중국인과 사귈 때 너무 한국인의 사고방식으로 접근하면 낭패를 볼 수 있다. 이제부터 중국에는 '나이가 없다'라고 생각하자.

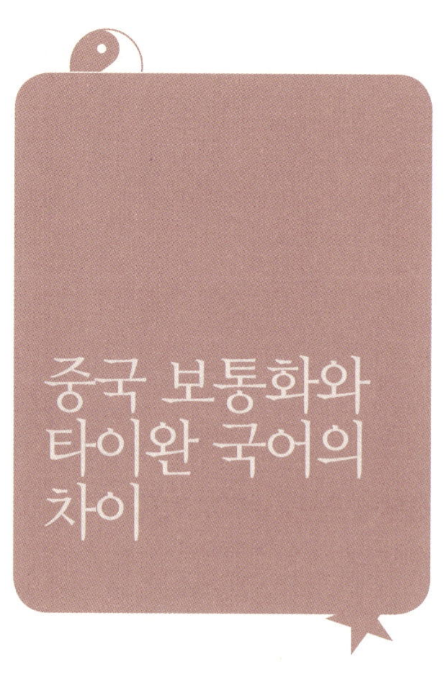

★ 처음 베이징에 도착해서 북한 식당
에 갔을 때의 얘기다. 당시 베이징에서 가장 부유촌으로 유명했던 야
윈촌(亚运村, 아시아 올림픽 선수촌)에 북한 음식점인 '류경식당'이 있었다.
류경식당의 종업원은 모두 김일성 배지를 달고 식당 내부에는 김일성
부자의 사진이 걸려 있다는 소문이 돌았다. 또 몇몇 종업원 중에는 북
한에서 특수교육을 받은 요원이 있어 필요에 따라 한국 사람을 납치
한다는 확인되지 않은 소문까지 있었다. 더욱이 류경식당 앞에는 우
리나라의 국가안전기획부 요원들이 고성능 망원 카메라로 식당을 출
입하는 한국 사람을 비밀리 촬영한다는 소문도 나돌았다.

어찌되었든 류경식당을 출입하는 것은 당시 용기 없는 사람은 할
수 없는 행동이었다. 하지만 나는 북한에 대한 호기심이 많았다. 나

혼자라도 류경식당에 들어가기로 마음먹었다. 류경식당에 들어서자 무척 긴장되었다. 혼자만의 느낌일지 모르지만 식당에 들어섰을 때 잠시 긴장감도 감돌았던 것 같다. 정말 김일성 배지를 달고 있는 여종업원이 나타나 나를 테이블로 안내하더니 주문을 받았다.

"무얼 드시겠습니까?"

메뉴를 보니 가장 먼저 눈에 띄는 것이 '평양냉면'이어서 이를 주문하자 잠시 후 김치와 몇 가지 밑반찬과 냉면이 내 앞에 차려졌다. 말로만 듣던 평양냉면을 북한 식당에서 먹어보다니 마치 북한에 온 기분이었다. 나는 큰 기대를 걸고 평양냉면을 한 젓가락 먹었다. 그런데 이게 웬일인가. 맛이 내 기대에 훨씬 못 미치는 수준이었다. 육수를 마셔보았다. 육수 역시 한국 냉면의 담백함보다는 기름지고 느끼한 맛이었다. 나는 바로 주문을 받았던 그 여종업원을 불렀다.

"아가씨 여기요!"

그러자 여종업원은 바로 내게 다가와 화를 내지는 않았지만 무척 단호한 어투로 말했다.

"아가씨라고 부르지 마세요. 복무원 동무라고 부르세요."

중국은 보통화, 타이완은 국어

나는 타이완 유학을 통해 중국어를 배웠다. 그래서 내 중국어는 '타이완 구어위(국어)' 즉 '타이완식 베이징어'였다. 중국에서는 베이징 어음을 표준음으로 삼고 한족(汉族)의 공통어인 베이징어를 표준어라고 한다. 이를 중국어로는 '보통화(普通话, 푸퉁화)'라고 부른다. 중국의 보통화는 혀를 굴리는 듯한 권설음이 강하지만 타이완 국어(國語, 구어위)는 베이징식 발음에 비해 권설음이 매우 약하다. 또 단어 적용도 보통화와 차이가 있다.

타이완의 원주민들은 주로 '민난어(闽南语)'를 많이 쓴다. 민난어는 중국 본토 복건성의 방언이다. 복건성이 타이완과 지리적으로 가장 가깝기 때문에 역사적으로 복건성 사람들이 타이완으로 많이 이주해 온 것이다.

그러나 타이완의 국어는 중국의 국공 내전에서 패한 장제스가 1949년 타이완으로 국민당 정부를 옮기면서 중국 보통화가 타이완의 국어로 자리 잡게 된 것이다. 그렇다면 중국의 보통화와 타이완의 국어는 어떤 차이가 있을까?

우리와 북한의 사투리쯤의 차이로 보면 된다. 우리에게 북한의 사투리가 촌스러운 것처럼 타이완 사람에게도 중국 대륙의 보통화가 촌스럽게 들린다고 한다. 한 예로 우리가 식당에서 여종업원을 부를 때 '아가씨'라고 부르지만 북한에서는 '복무원 동무'라고 부르는 것과 같다.

보통화는 식당 여종업원을 '푸우위엔(服務员, 복무원)'이라고 부르지만 타이완의 국어는 '샤오지에(아가씨)'라고 부른다. 류경식당의 여종업원이 아가씨라는 말에 발끈 한 것은 북한에서는 중국 본토의 문화를 받아들여 복무원이라는 말이 상용되고 있기 때문이다.

이 외에도 중국의 보통화와 타이완 국어에서 같은 뜻을 가진 다른 단어들이 얼마든지 있다. 길거리에서 모르는 남성을 호칭할 때 보통화에서는 '퉁즈(同志)'라고 하고 타이완 국어로는 '시엔성(先生)'이라고 한다. 특히 보통화에서 퉁즈라고 부르면 남녀 공산당 당원, 아니면 정중한 장소에서 대중을 부르는 호칭으로 보면 된다.

여기에 낯선 사람을 부를 때에는 보통화로 '스푸(師父)'라는 표현도 많이 한다. 한자 그대로 '사부, 존경하는 스승'을 뜻하지만 거리에서 길을 물을 때도 예의 차원에서 사용한다. 학교 선생님이나 은사를 호칭할 때는 보통화와 타이완 국어 모두 '라오스(老師)'라고 한다. 또한 결혼을 하지 않은 처녀를 말할 때 보통화로 '꾸냥'이라고 부르고, 타이완 국어에서는 '샤오지에'라고 한다. 형제만큼이나 아주 절친한 친구를 보통화로는 '끄어멀(哥们儿)'이라고 하고, 타이완 국어에서는 '숑띠'라고 한다. 물론 중국이나 타이완이나 숑띠는 친형제를 뜻한다.

이렇게 중국의 보통화와 타이완의 국어가 차이는 있지만 소통할 수 없을 정도는 아니다. 하지만 이밖에 다른 지역의 중국 방언들은 서로 소통할 수 없을 만큼 차이가 크다. 예로 베이징어, 상하이어, 광뚱어, 푸젠어(민난어) 등 중국의 지역별 방언은 통역을 두어야 소통할 수 있다. 중국에서 활동하고자 할 때 지역의 중국어가 어떤 특징이 있고, 기본 생활이나 만남에서 필요한 간단한 용어를 미리 익히는 것도 좋은 방법이다.

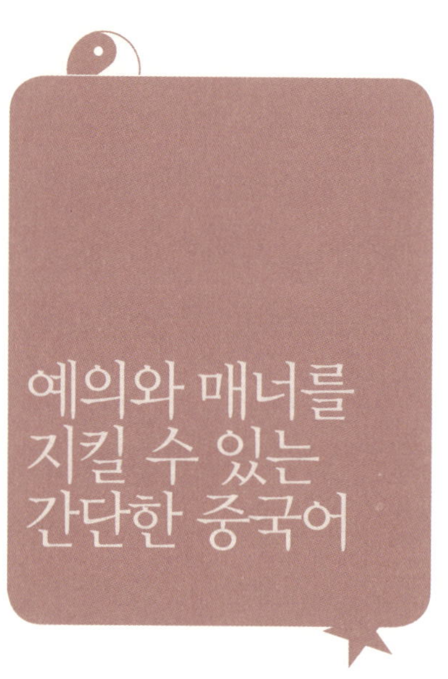

한국 사람들은 나이에 비해 민감한 반면, 중국 사람들은 나이에 무척 관대한 편이다. 이는 두 나라의 언어문화가 다르기 때문인데 배우기가 만만치 않다. 나도 중국어를 힘들게 배우던 시기가 있었다.

중국어는 한자를 외워야 한다는 부담과 우리가 배운 한자와는 다른 간자체이기에 보통 헷갈리는 게 아니었다. 여기에 영어와 비슷한 어순과 중국어만의 성조는 공포감을 만들기에 충분했다. 당시 중국어를 공부할 때 거의 수험생의 심정이었다. 그렇게 매일 중국어와 씨름을 하던 당시, 문득 어릴 적 기억이 떠올랐다. 영어를 잘하는 사람은 꿈도 영어로 꾼다는 애기를 듣고 무척 신기해했던 적이 있었다. 그렇다면 중국어를 잘하는 사람은 꿈도 중국어로 꿀까?

내 경험으로는 '꾼다'이다. 사실 나는 중국어를 아주 잘하는 편은 아니다. 그런데 중국어를 1년 조금 넘게 배울 무렵, 실제로 내가 유창하게 중국어를 구사하는 꿈을 꾼 적이 있다. 잠에서 깨어났을 때 한편으로는 놀랐고 신기하기까지 했다. 평소에 그렇게도 잘 안 되는 중국어가 꿈속에서는 아주 자연스럽게 하다니……. 어떻게 중국어로 꿈을 꾸었을까?

꿈이니까 그럴 수도 있겠다고 생각했는데 퍼뜩 떠오른 것이 바로 꿈에 친한 중국 친구가 등장했기 때문이었다. 그 친구 이름은 '황자싱(黃家興, 황가흥)'이었다. 꿈에서 그 친구를 보고 내가 '황자싱'하고 부른 것이다. 친구 역시 중국어로 대답했고 우리 둘은 꿈속에서 즐겁게 중국어로 얘기를 나눴다. 더욱 재밌는 것은 내 꿈이다 보니 대화에 내가 아는 단어만 나오고 성조를 무시해도 친구가 모두 알아듣는 것이었다. 어찌됐든 나에게는 아주 기분 좋은 꿈이었다. 한동안 스스로 대견하기도 했다. 나는 중국어로 꿈을 꾸는 사람이기 때문이었다.

'칭'하나만 알아도 당신은 매너 있는 한국 사람

중국어로 꿈을 꾸고 나서 자신감을 얻자 좀더 박차를 가해 중국어 공부에 매진했다. 여기서 내가 공부한 중국어의 노하우를 조금 공개해보면 이렇다. 한국어는 존칭어가 있지만 중국어는 존칭어가 거의 없다는 점이다.

중국어에 존칭어가 있다면 '안녕하십니까?' 즉 '니하오마?(你好吗), 닌하오마?(您好吗)' 정도다. 여기서 당신을 가리키는 니(你)는 남녀를 가리지 않고 사용할 수 있다. 하지만 您(닌)은 어른이나 존경심을 나타낼 때 쓴다. 예전에는 중국어로 당신을 가리키는 니(你)는 남녀를 구별해서 썼다. 남성에게는 你, 여성에게는 '여자의 女'를 붙여 妳로 표기했는데 사회주의의 양성 평등사상에 의해 현대 중국어에서 사라졌다.

하지만 중국 사람끼리도 니와 닌의 발음이 비슷하기 때문에 회화를 할 때 거의 구분하지 않는다. 더구나 중국은 문화대혁명 과정에서 만민 평등, 계급투쟁이라는 구호 아래 중국의 전통적인 예의범절과 전통문화를 부정했다. 이 때문에 니와 닌의 구분은 더욱 많이 사라졌다는 평가도 있다.

또한 당시에 지식분자로 분류되었던 선생님, 의사, 대학교수 등은 고교생과 대학생으로 구성된 홍위병들로 부터 상상치도 못할 핍박과 탄압을 받았다. 그래서 한때 중국인 마음속에는 은사에 대한 존경심이나 고마움이 사라졌던 적도 있다.

중국어를 할 때 '칭(请)'이란 동사를 잘 활용해도 매너 있는 사람이 된다. 请이란 '요청하다. 부탁하다'라는 뜻으로 영어의 '플리즈(Please)'와 비슷한 용도로 쓰인다.

칭커(请客) – 손님을 초대할 때(손님을 대접하다)

칭진(请进) – 손님이 집이나 방으로 들어올 때(어서 오세요)

칭흐어차(请喝茶) – 차 마시세요.

칭츠판(请吃饭) – 식사하세요. 식사를 먼저 하세요.

중국 손님과 식사할 때 중국어 실력이 초보자라도 음식을 손으로 가리키며 '칭'이라고 말하면 '식사하시죠'란 의미가 된다. 그러면 중국 문화를 잘 알고 있는 매너 있는 한국인으로 기억될 것이다. 또 차를 마실 때도 손님에게 찻잔을 가리키며 '칭'하면 '차 드시죠'가 된다. 식사테이블에 앉을 때도 의자를 가리키며 '칭'하면 '앉으시죠'가 된다. 중국어가 우리말과 달리 존칭어는 없지만 '칭'이란 단어 하나만으로도 매너 있는 사람 또는 예의 바른 사람이 될 수 있다.

실력과 경력, 꽌시의 중요함이 담긴 중국어

재미있는 사실은 한국에 거주하고 있는 화교들과 본토 중국인과 다르다는 것이다. 한국 화교들은 한국 문화의 영향을 직접 받았기 때문에 우리나라 중고등학교처럼 선배가 후배 기강을 잡을 때 니(你)와 닌(您)의 호칭을 엄격히 구분한다.

"너 조금 전에 인사할 때 닌(您)이라고 안하고 니(你)라고 했지?"

"아니요! 분명 닌(您)이라고 붙였는데요."

"그래. 그럼 앞으로 발음을 정확하게 해라. 알았지."

짓궂은 선배들이 후배들을 혼낼 때 이런 식으로 니와 닌의 용법을 트집 잡아 후배들의 군기를 잡기도 한다. 표현대로라면 중국인은 위아래가 없을 것 같지만 실상은 그렇지 않다. 다만 중국어에 존댓말이 없기 때문에 윗사람과 대화할 때 또는 초면일 경우에 우리보다 대화가 자유로운 것은 사실이다. 때문에 한국보다 사람을 빨리 사귈 수 있는 사회적 분위기가 있다고 하겠다.

즉 이 같은 사회적 분위기 속에서 중국인은 친구의 나이에 대해서도 큰 관심을 두지 않는다. 한국식의 친구 개념은 동년배 혹은 근소한 나이 차이만 가능하지만 중국에서는 우리나라처럼 엄격한 나이 개념으로 친구를 사귀지 않는다. 앞에서 언급했듯이 중국에서 친구의 개념은 말 그대로 '친하게 사귀는 벗'의 의미이다.

하지만 조직 내의 위계질서에 대해서는 확실하게 표현하는 것이 중국인이다. 예를 들어 직장 상사, 학교 선배 등에게는 조심스럽고 예의바른 언어와 행동으로 공경의 뜻을 표현한다. 가끔 중국 친구들끼리 나이를 초월해서 자유롭게 어울리는 것을 보면 한국어의 존댓말이 너무 까다롭다는 생각이 들 때도 있다.

한중 두 나라의 문화적 차이, 특히 중국어 문화를 알지 못하면 그야말로 우리에게는 문화적 충격이 클 것이다. 우리는 부모, 형제, 은사, 선배들과 얘기하면서 존댓말 없이는 거의 대화가 불가능하기 때문이다. 존댓말 때문에 사회생활을 하면서 한두 번 쯤 불화를 겪기도 한다. 특히 우리의 존댓말은 서열과 관계된 매우 중요한 의미도 갖고 있는데, 이는 세계 어떤 나라에서도 찾아보기 힘든 우리만의 독특한 언어문화인 것이다.

그러면 여기서 중국 사회를 보는 눈을 확대할 필요가 있다. 우리 관점에서 보면 분명 중국 사회는 나이가 무시되는 것처럼 보인다. 하지만 그 이면에는 실력과 경력을 겸비한 우월한 사람만이 조직에서 살아남을 수 있다는 사회 구조를 엿볼 수 있다. 위아래의 기준이 우리와 다른 것이다. 여기에 '꽌시'를 잘 활용하는 사람이 성공할 수 있는 사회가 중국이라고 본다면 얘기가 달라진다. 즉 존댓말이 없는 중국어를 구사하면서 그들에게 보이는 진정성 즉 눈빛, 손짓 하나가 그들과 친해질 수 있는 가장 중요한 언어라는 것을 기억해야한다.

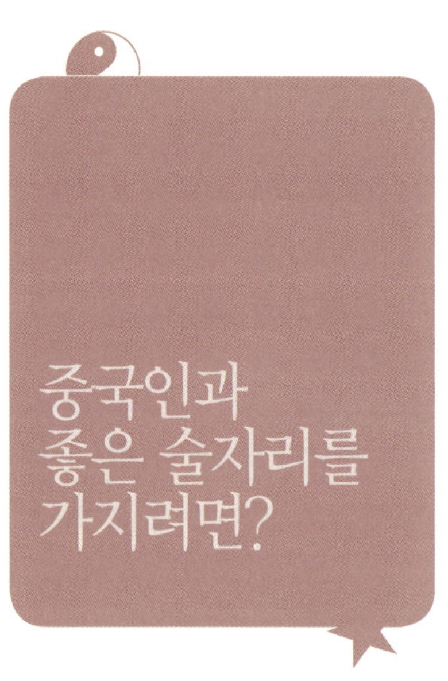

★한국인처럼 술을 좋아하는 민족이 없다고 생각하기 쉽지만 중국 역시 마찬가지다. 비즈니스를 할 때 반드시 술자리가 따라온다. 게다가 중국 사람은 외국인에게 식사 대접하는 것을 좋아한다. 중국에서 비즈니스를 할 때 술자리는 매우 중요한 의미를 가진다.

중국어의 '칭커(请客)'는 앞에서 보았듯이 '손님을 초대하다'라는 뜻이다. 한국은 일반적으로 접대할 때 저녁식사 후에 술자리를 따로 갖는 2차 문화이지만 중국은 식사를 겸한 술자리가 보편적이다. 물론 경제적으로 급성장하고 있는 대도시의 벤처 기업인들 사이에는 요즘에 2차 문화가 유행하고 있다고도 한다. 하지만 중국의 공무원들은 여전히 저녁식사를 겸한 술자리가 대부분이다.

문화를 알면 더 맛있어지는 술자리

기름진 음식과 50도 넘는 독한 '백주'를 마시다보면 중국인의 기질이 제대로 나온다. 중국 사람들은 접대 자리에서 이렇게 외치며 분위기에 흥을 돋운다.

"하오 펑요우 라일러 요우 하오쪼우(好朋友来了有好酒)"

－좋은 친구가 오면 좋은 술이 있다.－

술잔을 들고 한두 차례 '깐뻬이(干杯, 건배)'를 하며 잔을 비운 후 본격적인 술자리가 들어간다. 얼핏 보면 한국과 별 차이가 없는 듯하지만 중국의 술 문화는 한국과 확연한 차이가 있다. 두 나라의 술 문화를 간단하게 비교하면 한국은 조직을 중시하는 분위기이고, 중국은 개인을 중시하는 분위기이다. 하지만 접대 받다보면 중국인의 술자리가 훨씬 조직적이라는 느낌이 든다.

여기에 중국은 온돌 문화가 대중화되지 않았기 때문에 식당, 술집 모두 의자를 사용한다. 한국에서는 자리가 배정되면 큰 이동 없이 앉은 자리에서 팔을 내밀며 주변 사람에게 술을 권유하는 스타일이다. 이에 반해 중국은 자신의 자리를 떠나 손님에게 직접 다가가 술잔을 권유하는 스타일이다.

또 한 가지 다른 점이 있다. 우리나라 사람들은 첨잔을 하지 않고, 술잔을 받을 때 감사를 표시하는 의미로 두 손으로 술잔을 들고 공손하게 받는다. 하지만 중국은 다르다. 첨잔이 가능하고 술잔에 손을 대지 않고 잔을 탁자 위에 둔 채로 술을 따르는 것을 지켜본다.

그러면 고마움은 어떻게 표시하는가? 일어나서 인사를 해야 할까? 그럴 리가 있겠는가. 중국 사람들이 술을 따라주는 상대에게 고마움을 표시할 때는 손가락 검지와 중지를 모아 꺾어서 테이블을 두드리면 된다.

예전에 한 황제가 심복을 데리고 시찰을 나갔다고 한다. 물론 둘 다 평민으로 변복을 한 상태였다. 그런데 시찰을 하던 중에 백성들과 술자리를 하게 되었다고 한다. 분위기가 무르익자 평민으로 위장한 황제는 주위 사람들에게 술을 따라 주면서 신하에게도 술을 한 잔 따라 주었다. 이때 신하가 순간적으로 그 술을 그냥 받을 수가 없어서 고민 끝에 손가락을 무릎 꿇려서 탁자를 두드렸다. 다름 아닌 황제인데 그렇다고 변복을 한 상황에 무릎을 꿇고 술을 받을 수도 없는 노릇이었다. 정체가 들어나지 않게 내 비록 앉아서 술을 받지만 마음은 무릎을 꿇고 있다는 것을 황제에게 알린 것이었다. 그 이후 중국에서는 술을 따라주는 상대방에게 감사의 마음을 표할 때 두 손가락을 무릎 꿇려서 탁자를 두드렸다고 한다.

이는 청나라 때의 전해오는 여러 이야기 중에 하나로 요즘은 손가락을 무릎 꿇게 하지 않고 그냥 손가락 끝으로 탁자를 두드린다고 한다. 여전히 이 전통이 중국 사회에 남아있다. 만일 우리나라에서 연장자가 술을 따라주는데 손가락으로 테이블을 딱딱 두드린다고 생각해보자. 얼마나 무례한가. 문화란 알면 알수록 신기하고 재미있다.

깐뻬이, 쉐이이

중국인은 상대방에게 직접 다가가 술을 따라주기 전에 먼저 반가움을 표시하며 자신을 소개하고 깐뻬이를 권유한다.

우리말 '건배'와 중국의 '깐뻬이'는 한자 그대로 '잔을 비우자'는 뜻이기 때문에 속칭 우리 스타일로 원샷을 해야 한다. 이때 손님이 술을 못한다고 손사래를 치면 경우에 따라 '쉐이이(随意, 좋은 대로. 마음대로)'라고 봐주기도 한다. 만약 자신이 술을 좋아 하지 않거나 약한 편이라면 쉐이이란 단어를 암기했다가 중국인과 술자리에서 먼저 제안해도 좋을 것이다.

하지만 처음 술자리부터 한국식으로 깐뻬이를 연속하면서 자신의 주량을 과시했을 경우, 중간에 쉐이이로 바꾸기가 쉽지 않다는 것을 염두에 둬야 한다. 중국인들은 상대방이 술을 잘 마신다고 판단되면 상대방이 쉐이이를 제안해도 잘 동의하지 않기 때문이다.

그러나 상대방이 체질적으로 술을 못 마신다고 판단되면 쉐이이나 술대신 음료수를 권하기도 한다. 만약 자신이 술을 즐기지 않는 사람이라면 중국 사람과 술 자리할 때 처음부터 엄살을 부리며 체질적으로 술을 못 마신다는 강한 인상을 심어주는 것도 좋은 방법이다.

건배 후 시선 처리가 중요

한국인이 중국인과 술을 마실 때 가장 주의해야 할 것은 술을 마시고

난 후의 시선처리다. 위에서 지적한 대로 중국 사람은 여러 사람과 술잔을 부딪치는 경우보다 일대일 건배 제의를 하는 경우가 많기 때문에 이 같은 중국 술 문화를 모를 경우 실례를 범하는 경우가 많기 때문이다.

우선 중국인은 건배 제의에 앞서 자신의 잔을 들고 손님에게 직접 다가선다. 그럴 경우 손님도 자신의 자리에서 일어나 손님을 맞이해야 한다. 중국 사람은 자신의 잔을 자신의 눈높이까지 올려 '깐뻬이' 혹은 '쉐이이'라고 말하며 술을 마신다. 이때 손님도 중국인의 눈을 쳐다보고 두 손으로 잔을 들어 자신의 눈높이만큼 올린 후 '깐뻬이' 혹은 '쉐이이'라고 말하며 똑같이 술을 마셔야 한다. 술을 마신 후에도 마찬가지로 자신의 잔 상태(술이 남은 상태)를 확인시켜줘야 한다.

이때 술잔을 자신의 눈높이만큼 올려 상대방에게 1~2초 정도 보여주고 술잔을 테이블 위에 올려놓는다. 이때도 시선은 상대방 눈과 마주쳐야 한다. 그러면 중국인도 자신의 술잔을 같은 방법으로 확인시켜줄 것이다. 이것을 모르면 대부분 건배 후 바로 잔을 탁자 위에 올려놓고 앉기 때문에 건배를 제안하러 온 중국인을 민망하게 만드는 경우가 많다. 이런 문화를 알고 만약 자신이 술자리를 주도하고 싶다면 손님이라고 해도 직접 테이블을 돌며 적극적으로 건배 제의를 하는 것이 좋다.

방법은 중국 사람과 같다. 자신이 직접 잔을 들고 술 마시고 싶은 사람에게 다가가 깐뻬이나 쉐이이를 하며 같은 방법으로 술을 권유한다. 이때 자신보다 나이가 많거나 신분이 높은 사람에게는 이렇게 말하면 무척 좋아할 것이다.

"워징니이뻬이쬬우(我敬你一杯酒)"

－존경의 뜻으로 술 한잔 올리겠습니다.－

또 중국의 술자리는 음료를 마시는 사람에게도 건배 제의를 할 수 있다. 술을 잘 못 마시는 여성에게도 음료로 건배를 권하면 좋은 인상을 남길 수 있다. 조심할 것은 이 같은 중국식 술문화로 인해 너무 많이 마셔 만취하는 것을 주의해야 한다. 보통 중국인은 술자리에서 손님에게 술을 많이 권하기 때문에 집중 공격을 받을 수 있다.

예를 들어 8명과 함께 술자리를 한다면 자신을 뺀 7명으로부터 술 권유를 직접 받게 될 것이다. 또 손님이 직접 나서 중국 사람에게 술을 권유하러 다닌다면 수십 차례의 술잔이 돈다. 만약 술자리에서 만취해서 실수를 하거나 의식을 잃는다면 술자리를 안 한 것보다 못한 결과가 나온다. 정신을 똑바로 차려야 한다. 쉬운 것 같지만 어렵고, 질서가 없는 것 같지만 질서가 있는 것이 중국의 술문화이다.

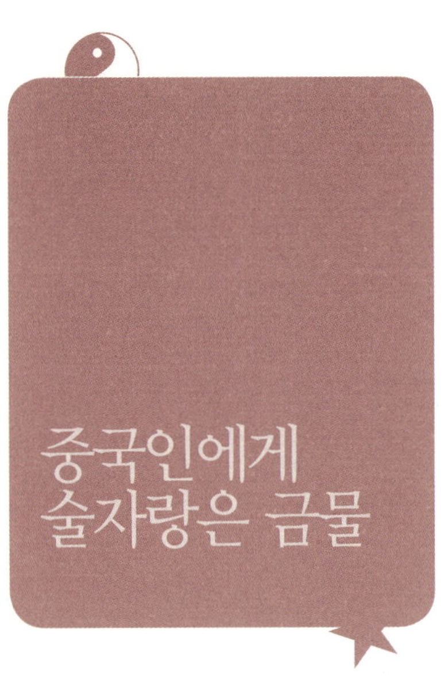

★중국은 각 지역의 기후나 풍토에 따라 쌀, 보리, 수수 등 그 지역의 곡물로 술을 빚기 때문에 맛과 향이 다르고 도수도 다르다. 중국 각 지역에는 그 지방을 대표하는 수십 가지의 술이 있어 중국 내 술의 종류는 이루 헤아릴 수 없이 많다.

그중 가장 유명한 술이 우리에게 고량주로 잘 알려진 '백주'이다. 백주, 즉 바이쪼우는 곡류나 잡곡류를 주원료로 해서 만든 증류주로 우리의 소주처럼 투명하고 색이 없어 지어진 명칭이다. 붉은 색깔을 지닌 술은 '황쪼우(黃酒, 황주)'라고 부른다. 황주는 중국에서 가장 오랜 역사를 갖고 있는 술로 도수는 백주보다 약하다. 황주는 겨울철에는 데워 마시기도 하고, 여름철에는 시원하게 마시기도 한다. 황주도 북방과 남방 모두 특산주를 갖고 있는데 백주보다는 훨씬 몸에 덜 해롭다.

백주는 몇백 가지의 종류가 있다. 그중 국내에서 가장 알려진 꿰이쪼우성(貴州省, 귀주성)의 마오타이쪼우와 우량예, 산뚱성(山東省, 산동성)의 꽁푸자쪼우, 베이징(北京, 북경)의 얼구오토우 등이 유명하다.

중국인, 지역마다 주량 다르다

지리적으로 중국 남방 사람은 술을 잘 못한다. 대표적 남방 지역인 꽝뚱성(廣東省, 광동성), 꽝시성(廣西省, 광서성), 푸젠성(福建省, 복건성) 사람들은 더운 날씨 탓으로 독주보다는 맥주 정도를 즐긴다. 또 체격도 북방 사람보다 왜소하기 때문에 술을 많이 못 마시는 편이다.

남방 사람은 개방이 빨리 이뤄졌던 홍콩의 영향을 많이 받았고 자본주의 노선을 걷고 있는 타이완의 영향도 많이 받은 편이다. 때문에 북방 사람에 비해 현실적인 사고가 강하다고 할 수 있다. 따라서 북방 사람보다 상술이 몸에 깊이 배어 있다는 평가를 받는다. 비즈니스에도 술자리가 꼭 필요하다고 생각하지 않는 경향이 있다. 그래서 남방 사람들은 사업상 자리에서 맥주를 곁들인 식사나 안마 등으로 손님을 접대하는 경우가 많다.

만약 술을 접대 할 경우에도 K-TV(가라오케)에서 양주를 마시며 노래를 부르는 경우도 있다. 남방 사람은 자신의 사무실에서 우롱차, 푸얼차, 자스민차 등을 직접 타주며 차로 접대를 하기도 한다. 이때 기회가 좋으면 신의 경지에 다다른 중국의 차도(茶道, 다도)를 경험할 수 있다.

반면, 중국 북방 사람들의 주량은 놀라운 수준이다. 특히 헤이룽짱성(黑龍江省, 흑룡강성), 옌지성(延吉省, 연길성), 랴오닝성(遼寧省, 요녕성), 내몽고 자치구(內蒙古自治區), 한국과 가장 지리적으로 가까운 산뚱성 사람들의 주량은 대단하다. 특히 혹한 겨울을 지내기 때문에 주량이 센 편인데 만약 술자리의 주인공이 동북 3성(연길, 흑룡강, 요녕성) 또는 산뚱성 사람이라면 충분히 긴장해야 한다.

나도 술이라면 어느 정도 자신이 있었고 중국 술문화에 대해서도 웬만큼 파악했기 때문에 술자리가 두렵지 않았다. 하지만 중국에 출장을 다니면서 북방 사람들과 술을 마시다보면 만취해 서너 차례 실신한 적이 있을 정도다. 중국의 북방으로 출장을 간다면 반드시 염두에 두길 바란다. 정신을 똑바로 차리고 술잔을 들어야 할 것이다.

한국인과 중국인, 누가 술이 더 셀까?

이 같은 질문이 나오면 원론적인 얘기지만 사람마다 다르다고 답한다. 하지만 더 자세히 얘기한다면 위에서 살펴봤듯이 중국인의 경우 지역마다 다르다. 한국에서는 주량이 서울, 전라도, 경상도 등 지역에 따라 별 차이가 없지만 중국인은 지역에 따라 주량이 확실히 다르다.

그럼 중국 북방 민족과 한국 사람의 주량을 비교해보자. 중국 관점에서 볼 때 한국 사람도 동북 사람으로 분류되기 때문에 그들과 체격과 생김새에 큰 차이가 없다. 외견상으로 별 차이가 없을 것처럼 보이는 만큼 술문화도 비슷한 점이 있다고 하겠다.

결론부터 말하자면 모두 술을 잘 마신다. 중요한 것은 어느 지역에서 어떤 안주와 어떤 술을 마시느냐에 따라 승부의 시비가 엇갈린다. 한국 사람은 일반적으로 20도 전후의 소주에 길들여져 있는 편이다. 또 안주도 얼큰한 탕이나 생선회 등 기름기가 적고 담백한 안주를 즐긴다. 더욱이 한국 술자리는 중국에 비해 안주가 상당히 간단한 편이다.

이에 반해 중국 북방 민족은 50도 전후의 고량주에 수십 가지의 기름진 풍부한 안주를 놓고 마신다. 소주 잔과 백주 잔도 크기가 다르다. 중국의 백주 잔의 크기는 소주 잔의 반 정도 밖에 되지 않는다.

내가 아는 중소기업인 A씨는 타이완, 홍콩에서 비즈니스를 많이 했던 터라 중화권 문화에 대해 잘 아는 편이다. A씨는 평소 한국에서도 주량이 센 편이기 때문에 중국 출장을 가면 자신과 술을 대적할 사람이 없다고 과시했다. 하지만 중국 산뚱성으로 출장을 다녀온 후에는 이 같은 얘기가 쏙 들어갔다.

산뚱성 술자리에서 60도 가까운 고량주에 취해 실신한 후 출장 내내 술병이 나서 비즈니스를 완전히 망쳤기 때문이다. A씨가 주로 출장을 다니던 타이완이나 홍콩 사람들은 산뚱성 사람에 비해서 술이 매우 약한 편이다. 하지만 산뚱성 사람들은 중국에서도 술이 가장 세기로 유명하다.

한국 화교의 90% 이상도 산뚱성에서 와서 그런지 화교 친구들을 보면 주량이 센 것 같다. 중국 출장을 가기 전 그 지역에 대한 많은 정보를 얻어라. 술은 중국 비즈니스의 가장 기본이라는 점을 잊지 말자.

중국인과 술을 마실 때 주의할 점

첫째, 한국인은 50도 전후의 백주에 길들여져 있지 않다는 점이다. 20도 소주에 길들여져 있는 한국 사람이 50도 전후의 독주를 마시면 알코올을 제대로 해독시키지 못한다. 체질적으로 그렇게 독한 술을 이겨내지 못한다는 점이다. 중국의 백주는 한국 소주에 비해 몇 배 이상 독한 술이란 점을 잊지 말아야 한다.

둘째, 한국인은 50도 전후의 백주를 소주 마시듯 들이키는 경향이 있다는 점이다. 원샷 문화에 길들여져 강한 독주를 빨리 마신다. 술을 빨리 마실수록, 원샷을 할수록 어느 순간에 실신할 지 모른다는 것을 반드시 염두에 두어야 한다.

셋째, 중국 사람과 술 마실 때 언어 소통이 잘 안되기 때문에 대화 없이 술만 마시는 경향이 있다. 그러면 술이 더 빨리 취한다. 술이 안 취하려면 이야기를 많이 하라는 애주가들의 조언을 새길 필요가 있다. 가슴이 답답하고, 취기가 올라오면 가끔씩 식당 밖으로 나가 찬바람을 쐬는 것도 좋은 방법이다.

넷째, 중국 사람들은 손님을 중점으로 일대일 건배 제의를 하기 때문에 마시는 양이 많아진다는 점이다. 따라서 술이 취했다고 판단되면 자존심이 상하더라도 술이 취했다며 엄살을 부려야 한다. 거듭 말하지만 중국에서 백주 한 잔을 마실 때도 긴장해야 한다. 중국 백주가 한순간에 정신을 빼앗아갈 수도 있다.

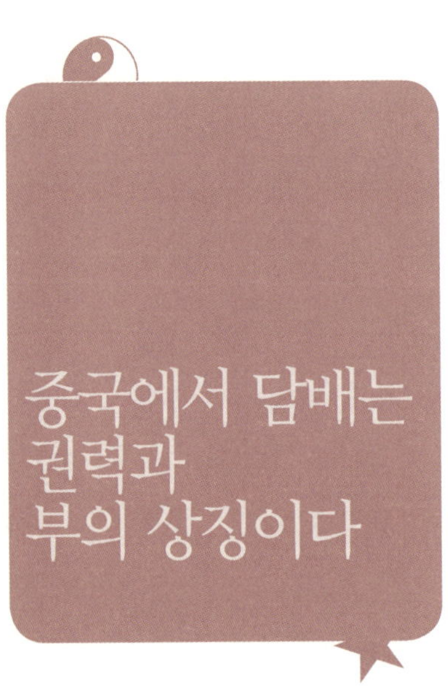

★유학 생활을 하는 동안에 담배를 자유롭게 피웠다. 그러다 최근 골초였던 내가 담배를 끊었다. 중국이 아닌 다른 곳에서 유학 생활을 했어도 그렇게 담배를 피웠을까?

베이징대학교 재학 시절 나는 아버지의 지인인 중국인 천(陳) 선생을 소개받았다. 천 선생은 퇴직한 중국 외교부 관계자로 나이가 60대 중반쯤 됐던 것으로 기억된다. 천 선생은 가끔씩 나를 기숙사에서 불러내서 밥을 사주곤 했다.

천 선생은 주로 회식자리에 나를 불러냈다. 주로 10여명 정도의 회식자리에 초대되면 중국인 틈바구니에 끼어 다양한 중국 문화를 접하곤 했다. 중국의 회식자리는 술과 담배를 즐기는데 풍성하다 못해 아예 넘쳐 난다. 천 선생은 담배를 즐겨 피지는 않았지만 회식자리가 생기면 어김없이 담배를 가져왔다. 그날도 천 선생은 중국의 고급 담배를 꺼내 초대된 손님들 한 명 한 명에게 나눠주었다. 천 선생은 나에게도 담배를 건네주었다. 그러면 나는 손사래를 치며 사양했다.

"천 선생님은 아버지 친구신데 어찌 제가 선생님 앞에서 담배를 피울 수 있겠습니까. 특히 한국에서는 어르신 앞에서 담배를 피우는 것은 큰 실례입니다."

"여기는 중국이니 괜찮아. 중국에서는 전혀 실례가 되는 일이 아니라니까."

천 선생은 이렇게 말하며 한사코 내게 담배를 건넸는데 아마도 한국 문화에 대해 잘 이해하지 못했던 것 같다. 예를 들어 아버지 앞에서 담배를 못 피우고, 어른 앞에서 고개를 옆으로 돌려 술을 마시는 한국 전통 문화가 요즘도 여전히 중요한 예절이라는 것을 고려하지 않았다. 결국 나는 천 선생의 계속되는 권유에 어쩔 수 없이 담배를 입에 물었다.

그 후 천 선생은 내게 계속 담배를 권했고 불편함을 감수하면서 담배를 피웠다. 몇 개월이 지나고 아버지가 베이징에 오셨다. 아버지는 천 선생과 저녁약속을 잡고 나를 베이징 시내의 식당으로 불러냈다.

약속된 식당에 도착하니 이미 아버지와 천 선생은 식당 테이블에 앉아 계셨고 몇 명의 중국 일행도 함께 있었다. 어김없이 술이 테이블에 올랐고 천 선생은 넌지시 담배를 꺼내 들어 아버지와 동석한 일행에게 권하기 시작했다.

그런데 잠시 후 천 선생이 이번에도 내 옆으로 와 담배를 건네는 것이 아닌가. 나는 얼굴이 확 달아올랐다. 천 선생은 담배를 계속 권했고, 나는 아버지 앞에서 담배를 못 피운다고 말했다. 천 선생은 아버지에게 말을 잘 해주겠다며 통역을 불러 부탁했다.

"여기는 중국이니까 아들이 담배를 피우는 것이 별 문제가 아닙니다. 허락해주시죠."

자식된 입장으로서 정말 당황스럽고 난처했다. 평소 무척 개방적이신 아버지는 천 선생의 얘기를 듣더니 이렇게 말씀하시는 것이 아닌가.

"영호야! 중국에 왔으니 중국법을 따라야지. 한 대 피워!"

당시 나는 쥐구멍이라도 있으면 들어가고 싶은 심정이었다. 물론 이때 나는 천 선생의 담배 권유를 끝까지 사양했다. 내 표정을 살펴본 천 선생은 전과 다르게 매우 난처하다는 것을 깨달았는지 더 이상 권하지 않았다.

담배 권하는 것은 중국인의 예의

요즘은 담배를 만들어 판 회사를 상대로 자신의 건강상의 문제에 책임을 지라고 소송을 거는 세상이다. 막강한 자본으로 로비를 하는 담배 회사가 소송에서 패하고 애연가들이 설 곳이 점점 사라지는 세상이다. 그런데 중국에서는 이렇게 아들이 아버지 앞에서 담배를 피우기도 하고, 시골에 가면 어린아이들이 아무렇지 않게 담배 피우는 모습을 볼 수 있다. 전 세계적으로 금연 열풍이 불고 있어도 중국은 예외다. 흡연자의 천국이 바로 중국이다.

중국에서도 공공장소에서는 금연이다. 하지만 그것은 표면적인 것일뿐 별다른 제제를 받지 않는다. 엘리베이터나 식당, 공공장소 등에 금연 푯말이 있긴 하지만 그냥 장식품인 경우가 많다. 심지어는 5성급 호텔 로비에서도 담배를 피울 수 있는 곳이 있다.

여자가 남자 앞에서 담배를 피는 것도 전혀 이상한 일이 아니다. 담배는 중국인이 가장 좋아하는 기호품 중에서도 단연 으뜸이다. 담배를 피울 때 그들은 나이와 장소, 남녀노소를 구분하지 않는다. 한국의 상식으로는 도저히 이해가 안 되지만 20대 젊은이가 70대 노인 앞에서도 버젓이 담배를 피운다. 아니 오히려 70대 노인이 20대 젊은이에게 담배를 권하기도 한다.

그래서인가? 중국은 어느 자리에 가든지 담배를 권하는 사람을 쉽게 만날 수 있다. 상대방이 담배를 피우든, 피우지 않든 중국인은 우선 담배를 권하고 본다. 그것도 공손하게 전하는 것이 아니라 담배 한 개비를 던진다. 그리고 이렇게 담배를 받았으면 상대방과 함께 피우는 것이 기본적인 매너다.

물론 담배를 억지로 필 필요는 없다. 그냥 피우는 시늉만 하면 된다. 불을 붙여서 담배를 입에 잠시 물었다가 끄거나 정말 담배 피우기가 싫다면 안 피우겠다고 말을 하면 된다. 크게 예의가 벗어난 행동은 아니기 때문이다.

따라서 중국 사람을 만나면서 다소 어색한 관계라면 이런 담배 문화를 활용해도 좋다. 고급 담배를 나누어 피면서 자신의 체면도 차리고 관계도 돈독하게 할 수 있으니까.

중국 사람이 담배를 권하는 것도 재밌지만 담뱃불을 붙여줄 때도 매우 흥미롭다. 중국 사람은 담배를 권하고 나서 직접 불까지 붙여줄 때도 있다. 어떤 때는 나이 많은 어른이 내게 담배 불을 붙여주기도 했는데 민망한 마음이 들어 안절부절못했던 기억도 난다. 그리고 독특한 인사법으로 담뱃불을 붙여준 사람의 손등을 검지로 톡톡 치며 감사하는 마음을 전한다.

만약 중국에서 누군가가 담뱃불을 붙여주면 감사의 표시로 상대방의 손등을 톡톡 쳐라. 그리고 '시에 시에(射射, 감사합니다)'라고 말하라. 사소한 것 같지만 담배를 권하는 중국 사회에서 이 예절은 좋은 인간관계의 단초가 된다. '중국 문화를 이해하고 배웠습니다'라는 표시이기에 중국 사람에게 더욱 친근하게 접근할 수 있는 계기가 된다.

나도 담배를 피울 때 중국 사람이 불을 붙여주면 반드시 이 방법으로 고마움을 표시했다. 그때마다 중국인들은 외국인이 자신들의 예절을 따라하는 것이 신기했는지 나름 친근한 눈으로 바라봤다. 중국은 예의가 없는 듯 하지만 예의를 따지는 나라이다. 우리와 표현방법이 다르다고 이를 간과해서는 안 된다. 그들도 우리와 마찬가지로 부모와 어른, 은사를 공경하는 예절이 있고 존경심을 갖고 있다. 단지 우리의 예의범절보다 좀더 자유롭고 표현 방식이 다양할 뿐이다.

권력과 부의 상징인 중화 담배

그렇다면 중국인은 왜 담배를 권할까? 중국에서 담배는 자신의 부와 권력을 보여주는 일종의 수단이다. 중국에는 수천 가지가 넘는 담배가 있다. 지역별로 특색 있는 담배들이 생산될 뿐만 아니라 가격도 300원부터 3만원까지 천차만별이다. 담배 한 개비의 가격이 100배 이상 차이가 날 수 있는 사회가 중국인 것이다. 그러니 당연히 어떤 담배를 피우는지가 그 사람의 지위와 경제 수준을 간접적으로 보여주는 잣대가 된다. 중국에 머물 때 황당한 사고를 목격한 적이 있다.

길거리를 걷고 있는 사람을 자전거가 친 것이다. 자전거를 탄 사람은 넘어지지 않았지만 걷던 사람은 땅바닥에 쓰러졌다. 그런데 자전거에 탄 사람이 넘어진 사람을 일으켜 세우며 담배를 한 개비를 전해 주는 것이 아닌가? 그런데 더 황당한 일은 그 다음이었다. 사고를 당한 사람은 담배를 받고 살펴보더니 연신 머리를 조아리며 자신은 괜찮다고 말했다. 몸을 툭툭 털며 오히려 가해자에게 고맙다고 웃는 것이었다. 잠시 후 가해자는 자전거를 타고 현장을 떠났고, 피해자도 건네받은 담배를 입에 물고 다시 걸어갔다. 그때 그 담배는 중국 공산당 고위층이 즐겨 피었던 것으로 일반 인민의 월급으로는 감히 구입하기도 어려운 고급 담배였다.

평생에 걸쳐 60년간 하루 평균 60개비의 담배를 피웠다는 애연가 마오쩌둥. 그는 '중화'라는 담배를 무척 좋아했다고 한다. 우리 돈으로 한 갑에 1만 6,000원이 넘는 이 담배를 하루 60개비나 피웠다고 하니 하루 평균 세 갑을 피운 것이다. 우리 돈으로 하루 4만 8,000원이니 웬만한 중국 인민의 평균 월급이 40만 원이라고 볼 때 한 달에 세 배가 넘는 금액을 흡연으로 날린 것이다. 이렇게 중화 담배는 아주 소수의 선택받은 사람들만이 피울 수 있는 귀한 사치품이다.

그런데 이 담배가 보통 독한 것이 아니다. 타르 함량이 16밀리그램이나 된다. 우리나라 사람들은 한 모금 넘기지도 못하고 기침을 내뱉을 정도다. 그렇다면 중국 담배는 왜 이렇게 독할까? 이는 중국의 기름진 음식 문화, 독주와 관련이 있다고 여겨진다.

한번은 지인이 중화 담배를 사 가지고 국내에 들어왔다. 너무 독해서 입에 맞지 않냐고 묻자, 중국에서 처음 중화 담배를 접했을 때는 너무 독하다고 생각했는데 서서히 그 참맛을 느껴 국내에서도 피우기 위해 사 가지고 왔다고 대답했다. 하지만 한국에 돌아와서 막상 중화 담배를 피우려니 너무 독하게 느껴져 결국 주변 사람들에게 선물로 나누어주었다고 한다.

중국 사회가 빠르게 변하면서 이들의 흡연 문화도 조금씩 변하고 있다고 한다. 독한 담배보다는 니코틴이나 타르 함량이 적은 담배를 선호하는 사람들이 젊은층을 중심으로 조금씩 늘고 있다. 젊은 기업가를 중심으로 순한 수입담배를 피우는 경향도 많아지고, 담배를 권할 때도 상대방이 담배를 피우는지 먼저 물어보는 사람들도 종종 만날 수 있다. 또 중국에 진출한 해외 유명 호텔을 중심으로 실내에서는 담배를 피우지 못하도록 하고 있다.

그래도 여전히 중국의 정치권에서는 독한 담배, 고가의 담배가 각광 받고 있다. 중국인에게 중화 담배는 어쩌면 변하지 않는 권력과 부의 상징으로 남을지도 모를 일이다.

★★중국인과 중국 문화를 말할 때 가장 많이 예를 드는 것 중의 하나가 꽌시와 그들의 상술일 것이다. 중국인이 얼마나 경제적인가를 생각할 때 상업이라는 말의 기원을 생각해보면 된다. 상업이란 말은 은(殷)나라의 초기 이름인 상(商)나라에서 비롯된다. 상나라가 주(周)나라에 망한 뒤 유민들이 생계를 위해 전국을 떠돌며 장사를 했는데 이를 상업이라 한 것이다.

이뿐만 아니라 중국은 이미 기원전 약 1,000년 전에 주판을 만들어 사용했다. 서양에서 16세기에 등장하는 지폐가 중국에서는 이미 12세기 원나라 때 수표와 어음을 함께 사용했다. 어쩌면 세계에서 가장 경제적인 민족이라고 할 수 있다. 중국인은 어려서부터 철저하게 경제 관념을 몸에 익혀온 사람들이다.

오죽하면 세상에서 가장 이해하기 어려운 불가사의 중의 하나가 '돈을 지극히 사랑하는 중국인이 사회주의 국가를 건설한 것'이라고 할까. 비록 사회주의 체제가 되면서 한동안 상업적인 전통성이 잠시 밀려났지만 시장경제를 도입된 이후 그들의 상업 본성, 경제 본능은 다시 살아나고 있다.

상부상조가 우선인 한국 계모임

중국인의 이러한 상업적, 경제적인 측면을 단적으로 보여주는 예가 계모임이다. 계는 우리나라에서도 흔히 볼 수 있는데 요즘 계는 전통적인 것과는 매우 다르다. 전통적인 계는 상부상조를 기본으로 하기에 공동체적인 의미가 강했다. 하지만 요즘 우리나라에서 계라고 하면 친목을 다지거나 목돈을 마련하기 위한 작은 적금의 형식을 띤다. 은행보다 이율이 높은 반면 그만큼 위험을 감수해야 한다.

중국에도 이처럼 경제적인 도움을 위한 계가 존재한다. 그럼 중국의 계와 우리나라의 계는 어떤 차이가 있을까? 자세히 들여다보면 미세하지만 상당한 차이를 엿볼 수 있다.

먼저 우리 계를 살펴보자. 우리의 계는 서로 합심하여 목돈을 만드는 것이 주된 목적이다. 그렇기 때문에 우선 조건이 믿을 수 있어야 한다. 계의 안전을 담보할 정도의 재력을 갖춘 계주가 필요하다. 우리의 계는 계주가 주변의 지인을 모아 일정한 규모의 액수를 정한 다음, 계원에게 그에 맞는 월정액의 돈을 거둔다. 그런 다음 계원의 순서를 정해 정한 금액을 받게 하는 시스템이다. 이때 계원이 모두가 다 아는 사람일 필요는 없다. 계주를 중심으로 관계된 사람, 혹은 믿을 만한 계원이 소개하는 사람이 모였다고 생각하면 일반적이다.

A라는 계주가 자신을 포함하여 총 20명의 지인을 모아 월 10만 원씩 적립하는 계를 만들었다고 하자. 계주는 계를 실행하기 이전에 자신이 첫 번째 목돈(200만 원)을 받는 조건 하에 두 번째로 돈을 받을 사람부터 마지막에 받을 사람까지 순번을 정하게 된다. B라는 사람이 두 번째로 목돈(200만 원)을 받게 되었다고 하자. 이때부터 계주는 바빠진다. 자신을 제외하고 먼저 받은 B가 목돈을 받은 다음 달부터 1할에 해당하는 이자를 붙여 총 11만 원을 내게 한다. 그러면 세 번째로 받는 C에게는 총 201만 원을 지급하게 된다. 이렇게 해서 마지막 계원 수령하게 되는 돈은 계주와 자신을 제외한 18명이 이자로 낸 18만 원을 포함하여 218만 원을 수령하고 계는 마감된다.

이와 같이 우리 계는 여러 사람이 합심하여 목돈을 마련하고 먼저 수령한 대가로 이자를 내는 비교적 단순한 시스템이다. 물론 그 이면에는 서민들이 서로 도움을 주고받는 것을 원칙으로 한다. 그렇더라도 계주를 제외한 다른 모든 계원이 금융기관을 이용하는 것보다 이자가 조금 높다는 점을 제외하면 별반 차이가 없다.

꽌시를 중시하는 중국 계의 상술

그럼 중국인의 계는 우리와 무엇이 다를까? 언뜻 보면 큰 차이가 없어 보인다. 그런데 계를 조직하는 동기부터가 사뭇 다르다. 결론부터 말하면 중국의 계는 사업 밑천이 필요한 사람이 계주가 되어 지인을 모아 돈을 빌려 매달 원금을 갚아나가는 형식이다.

다시 설명하자면 중국의 계는 계주가 계원을 모아 자신의 사업 구상을 얘기하고 도움을 요청하면서 이뤄진다. 이때 중국 계는 우리 계와 달리 계주를 중심으로 모든 계원이 다 아는 사람으로 구성된다. 계주와 지인이 아니거나 계주에 대해 불신이 있는 사람은 당연히 계원이 될 수 없다.

중국의 계는 한국의 계와 달리 계주의 믿음도 중요하지만 사업의 비전과 능력이 계원을 모집하는데 중요한 잣대가 된다. 즉 계주의 됨됨이 안에는 사업성과 그의 명망이 포함된다. 즉 계원들은 일련의 검증 과정을 통해서 도와줄 필요가 있고 또한 갚을 능력이 있다고 판단되면 돈을 마련해준다. 이 같은 철저한 검증을 거치기 때문에 계를 진행하면서 돈을 떼이거나 중도에 그만두는 경우가 극히 드물다. 이후 계주는 그 돈을 받아 사업을 하면서 계원에게 받은 도움을 매월 갚아나가는 시스템이다.

예를 들어 계주가 사업자금으로 1억 원이 필요해 지인 20명으로부터 500만 원씩 돈을 받으면 계는 시작된다. 계주는 20명에게 각각 500만 원씩 빚을 지고 있는 셈이다. 계주는 매월 500만 원씩을 갚아야 한다. 여기까지는 계원이 계주에 대한 의리와 신용으로 사업자금을 대준 것이다. 하지만 중국의 계는 여기서 끝나는 것이 아니고 또 다른 그들만의 상술과 실용성을 발휘한다. 모인 계원이 계주로부터 매월 원금을 수령하면서 동시에 진정한 중국의 계가 만들어진다.

예를 들어 계주가 500만 원을 갚을 때 계원들이 30만 원씩의 계돈을 내기로 했다고 치자. 이때 얼핏 보면 한국의 계와 비슷하게 보이지만 방법이 완전히 다르다. 중국의 경우 계돈을 수령하는 순서가 정해져 있지 않기 때문이다.

계주는 자신이 사업자금으로 빌린 500만 원을 들고 매월 계원과 정해진 날짜에 모인다. 그날 계돈은 계주가 갚아야 할 500만 원과 계원들이 매월 내기로 한 30만 원씩 600만 원, 총 1,100만 원이 걷히게 된다. 하지만 계돈을 수령할 계원이 정해지지 않았기 때문에 계주는 누가 먼저 받을 지를 정하게 된다.

이때 계원 중 A라는 사람은 다음 달에 갑자기 자식이 결혼해서 목돈이 필요하다고 하고, B는 가게 보증금을 내기 위해 목돈이 필요하다고 치자. 두 사람 모두 먼저 계돈을 수령하고자 한다. 이때 순서는 입찰 형식으로 정한다.

A는 계원으로부터 30만 원이 아니라 25만 원을 받겠다고 제안하고, B는 20만 원을 받겠다고 제안했을 때 계돈의 수령자는 여기서 당연히 10만 원이나 적게 부른 B가 된다. 즉 계원은 원래 30만 원의 계돈을 내야하는데 B가 20만 원씩만 받겠다고 했으니 계원은 10만 원

의 이익을 보게 된 것이다. 이렇게 매월 입찰 방식으로 곗돈 수령의 순서가 결정되는데 이미 곗돈을 수령한 계원은 무조건 다음달부터 30만 원을 내야 한다.

이러한 방식으로 총 20개월을 지속한다. 따라서 계원은 자신들의 필요에 따라 매월 입찰 방식으로 순서를 정하게 된다. 따라서 가장 늦게 곗돈을 수령하는 계원은 가장 큰 이익을 보게 된다. 즉 마지막 수령자는 가장 적게 곗돈을 내고 자신이 수령할 때는 계원 전원에게 30만 원씩을 받게 된다. 즉 중국의 계는 이렇게 가까운 지인을 돕기 위한 의리를 내세우면서도 그 안에는 철저한 상술이 결합되어 있다.

단순하게 보면 별것 아닌 것 같지만 이 안에 중국인의 민족성과 기질을 엿볼 수 있다. 가까운 지인에게 기꺼이 도움을 주는 동시에 그 안에 계원의 결속을 위해 또 다른 계를 만들어 관계를 유지하는 것을 보면 우리가 갖고 있지 못한 그들만의 몸에 밴 상술이라고도 할 수 있다.

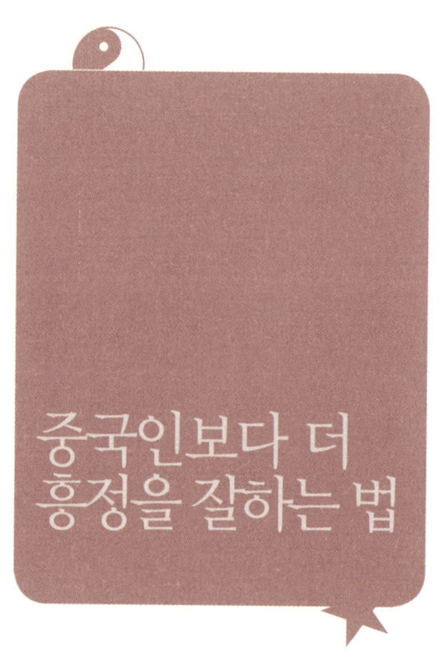

★중국인과 한국인의 깎기에 대한 사고 차이를 알아보자. 중국 관광이 일반화된 후부터 중국에 다녀온 사람들이 이구동성으로 하는 말들이 있다.

"중국에 가면 정말 싼 물건을 살 수 있다."

"하지만 중국 시장에서 한국인들은 바가지 쓰기 십상이다."

"실크 시장에서 아주 싼 물건을 샀는데 알고 보니 바가지더라."

"중국 시장에서 상인들이 가격을 부르면 무조건 반으로 후려쳐라."

관광을 목적으로 하던 비즈니스를 목적으로 하던 중국에 간 한국인에게 가장 큰 유혹은 쇼핑이다. 대표적으로 베이징시의 싼리툰 지역은 다양한 물건을 싼 가격에 만날 수 있는 시장이 특히 많은데 한국인의 관광 필수 코스가 되어 있다. 특히 실크나 옥, 가죽 제품들이 중국을 찾은 한국 관광객에게 인기라고 한다. 그만큼 싼 가격으로 양질의 상품을 구입할 수 있다는 것은 세계적으로 입증되어 있다.

하지만 많은 사람들이 중국에서 쇼핑하는 것, 그것도 정찰제가 아닌 가격 흥정을 벌여야 하는 중국에서의 쇼핑에 두려움을 가지고 있다. 같은 물건이라면 좀더 싸게 사는 것이 현명한 소비라고 생각하는 우리나라 사람들에게 중국 시장의 바가지는 공포의 대상이기 때문이다.

마음을 보이지 말고 인내심을 가져라

말이 안 통하고 그들의 문화를 잘 모를지라도 중국인보다 더 싸게 물건을 살 수 있는 방법이 있을까? 물론 있다. 직접 경험하면서 터득한 중국 시장에서 중국인보다 흥정 더 잘하는 방법 몇 가지를 소개하고자 한다.

첫째, 조금은 시간을 가지고 꼼꼼히 살펴라.

흥정을 하기 위해서는 기본적으로 사려고 하는 상품의 시세를 알아야 한다. 처음 간 시장에서 시세를 알 수 있는 방법에는 무엇이 있을까? 단 한 가지다. 시간을 가지고 시장을 꼼꼼히 둘러보는 것이다. 만일 당신이 옥으로 된 거북이 모양의 열쇠고리를 사고 싶다면 비슷한 물건을 파는 다양한 점포를 둘러보아야 한다. 그러면서 대략적으로 상인들이 부르는 가격이 어느 정도인지를 파악한다. 이것은 본격적인 흥정을 시작하기 전의 단계로 상인들과 가격에 대해 직접적인 대화를 하기보다 다른 손님들과의 대화를 통해서 파악해볼 수 있다.

둘째, 한국과의 가격 비교는 금물이다.

대략적으로 형성된 가격을 파악했다면 이제 본격적으로 흥정을 시작해야 한다. 둘러보면서 마음에 두었던 몇 가게에 들어가서 직접 가격을 물어본다. 상인은 가격을 이야기할 것이다. 이때 주의사항은 상인이 부르는 가격을 우리 돈으로 환산해서 비교해서는 안 된다는 점이다. 왜냐하면 대부분의 물건이 우리나라에 비해서 매우 착한 가격이기 때문이다. 하지만 기억하라. 당신이 지금 흥정하고 있는 그곳은 바로 중국 시장이다. 한국에 수입된 중국 물건을 사는 것이 아니라 중국 시장에서 파는 중국 물건을 구입하는 것이다. 중국 시장에서 흥정하고 있는 지금 이 순간만은 중국 사람이 되어야 한다.

셋째, 기싸움에서 밀려서는 안 된다.

이제 본격적인 흥정이 시작된다. 대부분의 중국 시장에서 상인들이 가격을 부르면 무조건 반으로 깎으라고 말한다. 옳은 말이다. 만일 여기서 반값으로 흥정을 시도했다면 상인들의 반응은 두 가지로 나뉠 것이다. 그 가격에 합의하거나 아니면 두 손을 흔들 것이다. 전자의 경우라면 좀더 깎았어도 무방하겠지만 어쨌거나 흥정은 성공이다. 후자의 경우는 조금 복잡하다. 중국 상인이 안 된다고 말하면 당신은 그보다 더 단호한 모습을 보여야 한다. 그 가격에 안 된다고 하면 물건을 사지 않겠다는 의사를 단호하고 확실하게 전달하는 것이 중요하다. 망설이지 말고 뒤돌아 나와라. 운이 좋다면 상인이 당신을 잡을 것이고 그렇지 않다고 해도 방법은 있다.

넷째, 인내심을 가져라.

꼭 사고 싶은 물건이 있는데 흥정에 실패해서 그 가게에서 나왔다면, 인내심을 발휘할 차례다. 우선 근처에 비슷한 물건을 파는 가게에 들어가서 흥정을 시도하라. 분명히 흥정에 실패한 그 가게의 상인이 당신을 주시할 것이다. 그렇게 그 상인의 앞에서 알짱거리며 다른 상인과 흥정을 시도하라. 이때 인내심이 필요하다. 흥정의 줄다리기에서 이기는 사람은 끝까지 자신의 마음을 내보이지 않는 사람이다. 그 상인의 물건을 꼭 사고 싶다는 당신의 마음을 들켜서는 안 된다. 마치 관심이 없는 듯 근처를 배회하다가 다시 한 번 그 상점에 들어가라. 그리고 한 번 더 흥정을 시도하라. 십중팔구 당신의 두 번째 흥정은 성공할 것이다. 두 번째도 실패한다면 인내심을 가지고 세 번째에 또 도전하자. 그러면 원하는 물건을 착한 가격에 살 수 있을 것이다.

흥정, 과하면 '샤오치'가 된다

중국인은 우리나라 사람처럼 치열하게 흥정하지 않는다. 우리가 흔히 현명한 소비라고 생각하는 것을 중국인은 자신의 체면이 망가진다고 여기기 때문이다. 물건 값을 과도하게 깎는 사람을 '샤오치(小气, 소심하고 인색하다)'라고 부르면서 '통이 작다'는 둥, '체면이 없다'는 둥 하는 것도 이런 이유에서 이다. 최근 우리나라를 찾는 관광객 중에서 중국인이 인기가 좋은 이유도 이런 성격 때문이다. 중국 관광객이 자주 찾는 서울 명동, 이대, 동대문지역의 쇼핑센터에 가보면 이같은 중국 관광객의 쇼핑 스타일을 쉽게 목격할 수 있을 것이다.

중국의 북방과 남방은 기후나 지역적인 문화의 차이뿐만 아니라 사고방식의 차이도 크다. 우선 북방 사람들은 남방 사람을 '샤오치'라고 평가절하하고, 자신들은 '따팡(大方, 대범하다)'하다고 과시한다. 그 때문에 중국의 북방 사람은 현실적인 사고를 지닌 남방 사람을 좋아하지 않는다. 남자답지 못하고 여우처럼 머리만 쓴다고 생각한다.

이렇게 북방 사람은 말 그대로 머리보다 행동이 우선이다. 겉보기에도 아주 그럴 듯하다. 술도 잘 마시고 대답도 시원시원하게 잘한다. 폼도 잘 잡고 '노(No)'라고 말하는 일이 거의 없다.

반면에 남방 사람은 상당히 논리적이고 계산적이다. 작은 일 하나하나를 따지고 쉽게 대답하지 않는다. 술도 북방 사람에 비해서는 적게 마신다. 술을 마시기보다는 차를 마시면서 비즈니스에 대해 이야기 하는 것을 선호한다.

그렇다면 따팡보다는 샤오치에 주목해야 한다. 비록 따팡들이 샤오치를 괄시하지만 아직까지 중국 경제의 주도권을 쥐고 있는 사람은 남방 사람이다. 결국 눈에 보이는 이익을 가져오는 쪽은 호방한 기세로 '하오 하오(好好, 알았어요. 좋아요)'하는 따팡보다 소심하고 인색해 보이면서도 논리적이고 계산적인 샤오치가 훨씬 만만치 않기 때문이다.

이런 차이를 알았다면 중국에서의 흥정에 너무 목숨 걸지 말자. 관광이든 비즈니스든 어떤 이유로 중국에 갔던지 중국 시장에서의 흥정은 새로운 경험이자 중국 문화의 발견이다. 흥정은 기분을 상하지 않는 선에서, 그들의 자존심을 건드리지 않는 선에서, 새롭고 즐거운 경험이라는 선에서 하면 좋지 않을까.

China,
Know the
Difference!

03

차이나 드림을
성공시키는
비즈니스 전략

중국에서 태어나
한국에서 자라고
일본에서 취업을 하는 시대가
이미 이루어지고 있다.
우리가 가져야 하는
사고방식은
경직되지 않은
유연한 열린 사고다.

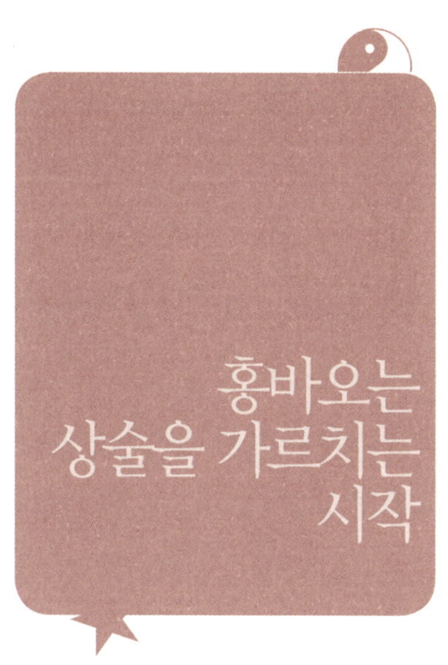

★중국인은 세계에서 상술이 가장 뛰어난 민족 중 하나다. 실제로 세계 화상의 상술은 상상을 뛰어넘을 정도로 대단하다. 전 세계 어디를 가 봐도 '차이나타운'이 있고, 그곳에는 언제나 사람들이 북적거릴 만큼 상권이 잘 갖춰져 있다. 현재 미국, 캐나다를 비롯해 싱가포르, 말레이시아, 인도네시아 등 화상들은 그 나라의 경제에 막강한 영향력을 끼치며, 사회적 경제적으로 대단한 위치에 있다.

세계 화상은 싱가포르에서 1906년 설립된 '중화총상회'라는 조직을 바탕으로 해마다 세계 화상 모임을 열어 인적 네트워크를 형성하면서 발전시켜나가고 있다.

어떻게 화상은 척박한 타지에서 그 많은 부를 쌓았을까? 중국인에게는 전통적으로 성실성과 근면성을 기본으로 '부'를 축적하는 습성이 있다. 상인을 천시하지 않았던 사회적 분위기에서 상술이 발달했다. 또한 중국인은 어릴 적부터 재물의 중요함을 가르친다. 한 예로 중국도 춘절(春節)이 되면 우리의 설과 같이 아이들을 데리고 집안 어르신이나 존경하는 스승의 집에 세배를 다닌다.

우리나라처럼 집안 어르신이나 스승에게 큰 절을 드리지는 않지만 새해인사를 하면서 '꽁시 꽁시(恭喜 恭喜)'라는 인사말을 건넨다. 여기서 꽁시는 원래 '축하한다'는 뜻으로 '지난해의 평안과 수확을 경축하고 새해에 행복을 축원한다'는 의미를 지니고 있다. 어른이나 아이나 중국에서 가장 널리 쓰이는 새해 인사말은 '돈 많이 벌기를 축원합니다'라는 의미의 '꽁시파차이(恭喜發財)'다.

이는 중국인이 돈과 재물을 어느 민족보다 더 중시한다는 의미로도 풀이할 수 있다. 중국 춘절은 어린이나 젊은이들에게 한몫 잡는 날이기도 하다. 어린아이들은 부모님이나 친척들에게 새해 인사를 할 때 장난 섞인 목소리로 고개를 한번 숙이고 '꽁시파차이, 홍바오 나라이(恭喜發財,紅包拿來)' 즉, "돈 많이 벌기를 축원합니다. 빨간 봉투 주세요"라고 말한다.

중국에서 홍바오(빨간 봉투)는 빨간 봉투에 축의금 성격의 돈을 넣어주는 관습을 말한다. 참고로 조의금은 우리처럼 흰 봉투를 사용한다. 최근에는 세뱃돈뿐만 아니라 보너스나 용돈을 줄 때, 심지어는 뇌물을 줄 때도 홍바오에 주기도 한다.

나도 어릴 적 설날이 되면 세뱃돈을 받기 위해 친척들에게 갖은 어리광을 떨었던 기억이 있다. 하지만 중국처럼 돈을 노골적으로 요구하지는 않았다. 만약 한국의 설날에 어린아이가 어른에게 세배를 하면서 중국식으로 '돈 많이 버세요'라고 하면 어떨까. 아마도 '어린 녀석이 돈부터 밝히네. 가정교육에 문제가 있어'라는 지적을 받을 것이다.

만약에 성공하면 모두에게 몫이 돌아갈 거야

타이완에 출장을 다니면서 그동안 알지 못했던 중국인의 새로운 상술을 발견한 적이 있다. 1년에도 수차례 만나는 절친한 타이완 친구를 타이완에 출장을 간 김에 연락했더니 마침 잘 왔다며 빨리 자신의 회사로 오라고 했다. 나는 영문도 모른 채 친구의 회사를 찾아갔다. 그 친구는 만나자 마자 타이완에서 유명한 '우롱차'를 따라주며 이야기를 풀어놓기 시작했다.

그런데 잠시 후에 약속이나 했다는 듯 그의 친구들이 한 명, 두 명 모이기 시작했다. 그리고 금세 나를 포함해 6명이 되었다. 나도 모두 알고 지내던 친구들이라 우리는 반갑게 농담을 주고받으며 안부를 물었다. 어느 정도 인사를 마친 후 친구가 오늘 만남의 목적에 대해 이야기를 꺼냈다. 나중에 알게 된 일이지만 타이완 친구들끼리는 원래 만나기로 약속이 잡혀 있었다.

친구는 자신의 회사에서 개발한 인터넷 보안장비를 중국, 싱가포르, 한국, 일본에 수출해보자고 제안했다. 친구는 노트북을 꺼내 인터넷 보안장비 솔루션에 대해 천천히 설명했다. 설명이 끝난 후 각자의 의견을 개진했다. 현지에서 IT업체 대표를 맡고 있는 한 친구가 전문가답게 보안장비에 대해 몇 가지 의문을 지적했다. 다른 친구들은 특허부분, 해외 영업권 등에 대해 질문했다. 나는 한국에 돌아가야 하기 때문에 제품에 대한 중문, 영문 자료를 요청했다. 잠시 후 대충 분위기가 마무리될 무렵 친한 친구는 모두의 얼굴을 바라보며 이렇게 말했다.

"루구어 청꽁, 다지아 요우펀(如果, 成功 大家有分)."

–만약에 성공하면 모두에게 몫이 돌아갈 거야. –

이 한마디에 친구들 얼굴에 환한 웃음이 가득했다. 마치 모두가 동업자가 된 기분이었다. 하지만 그 누구도 '펀(分, 몫)'에 대해 물어보지 않았다. 그날부터 우리는 자신의 모든 인맥을 동원해 인터넷 보안장비 솔루션의 영업을 시작했고, 얼마 후 나는 타이완 친구들과 함께 중국 출장을 떠났다. 나는 이 과정에서 중국인의 놀라운 상술을 발견했다.

"루구오 청꽁 다지아 요우펀"

이 한마디로 동업자가 되었고 모두 비즈니스에 적극 참여하면서 능률이 오르는 것이었다. 나는 이때부터 이 같은 중국의 상술을 '중국의 분문화(分文化)'로 부르기로 했다. 나는 친구들과 중국 출장을 다니면서 내심 '과연 내 몫은 얼마나 될까'라는 생각을 했다. 몫이 모두에게 똑같이 돌아갈지에 대해서도 궁금했다. 나는 가장 친한 친구에게 그동안 궁금해하던 것들을 숨김없이 물었다. 그 친구는 명확하게 대답했다.

"역할에 따라 몫이 다를 수는 있지만 반드시 개개인의 몫은 철저히 지켜져."

우리가 최선을 다했음에도 약 3개월 가까이 벌였던 해외 비즈니스는 큰 수익을 내지 못하고 중단되었다. 하지만 서로 원망이나 다툼은 전혀 없었다. 오히려 다시 함께 새로운 비즈니스를 진행하자고 격려했다. 결국, 나에게 떨어진 '몫'은 두 번의 중국 출장에서 친구들이 지불해준 7박 8일 동안의 경비였다.

한국 사람도 비즈니스를 할 때 가까운 친구, 선배들에게 자문과 도움을 청할 때가 많다. 하지만 한국 사람은 친한 관계일수록 분문화가 잘 안 지켜지는 경우가 많다. 우리는 친한 관계일수록 도움의 대가를 지불하는 것. 또는 그 대가를 돌려받는 것이 미덕이 아니라고 생각한다. 그 때문에 친구로부터 도움 받은 비즈니스는 나중에 '술 한 잔' 아니면 '밥 한 끼'로 대충 해결하는 경우가 많다. 또 친구나 선배가 아닌 사람과 비즈니스를 할 때에도 각자 역할을 충실히 이행했음에도 불구하고 분문화가 지켜지지 않기도 한다.

물론 분문화에는 단점이 있기도 하다. 현재 중국의 분문화는 엄청난 부정부패의 원인이 되고 있기 때문이다. 하지만 세계가 인정하는 중국인의 뛰어난 상술에 분문화가 크게 작용했다는 것은 의심할 여지가 없다.

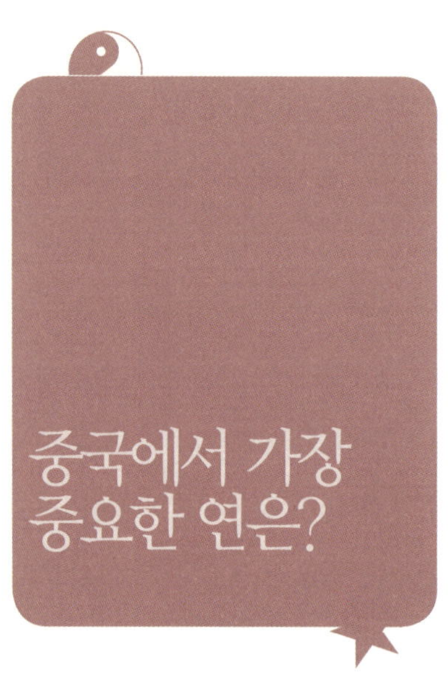

★ 중국 비즈니스에서 '연(緣)'을 찾고
싶어 하는 이유는 당연히 꽌시 때문이다. 비즈니스에 유용한 꽌시를
만들기 위해 가능한 좋은 연을 활용하고 싶은 것이다. 그게 바로 사업
하는 사람들의 마음이다. 하지만 기억해야 한다. 꽌시는 일종에 신뢰
관계이다. 그래서 앞에서 지적했듯이 꽌시는 시간을 두고 오랫동안
관계를 형성해야 생긴다.

특히 중국의 꽌시가 그렇다. 우리나라처럼 학연이나 지연으로 곧
바로 형성되는 게 아니기 때문에 잘못 이해하면 큰 실수를 할 수도 있
다. 어설픈 혈연, 지연, 학연으로 만들어지지 않는다. 사실 꽌시는 특
정 사람에게 관계를 빌미로 불법적인 특혜를 주는 게 아니다. 법을 위
반하지 않는 범위에서 신뢰가 형성된 사람에게 작은 편의를 봐주는

것이다. 그러니 아무리 능력 있는 사람과의 꽌시가 생성되어도 안 될 일이 되는 깃이 아니다. 그렇다고 전혀 힘을 발휘하시 않는 것도 아니다. 꽌시는 당신의 부족한 비즈니스 1%를 채워줄 수 있는 중요한 수단이 되기도 한다. 중국에서 그렇다면 무슨 연을 가장 중요시 여길까? 물론 피로 맺어진 혈연을 중요하게 여기고 학연을 따지지만 그중에서도 가장 *끈끈한* 것은 지연이다.

우리나라의 최대의 생활권은 서울을 중심으로 수도권에 밀집되어 있다. 많은 사람들이 고향을 떠나 수도권에 정착해 뿌리를 내려 생활하고 있지만 마음의 고향은 변하지 않는다. 그래서 생활 곳곳에 지역색이 나타나고 향우회나 친목모임 등으로 서로 결속을 다진다.

그러다 보니 우연히 동향 사람을 만났을 때의 반가움과 기쁨은 의외로 크기 마련이다. 얼굴을 붉히다가도 동향인 것을 알면 금방 호형호제하며 끌어안고 인척과 지인의 이름을 끌어내 연을 더 확대하기도 한다. 이때 서로 아는 사람이 있어 그 연이 확인되면 더 *끈끈한* 정이 만들어져 오랫동안 지속된다.

그런데 중국에 비하면 우리나라는 작다. 마음만 먹으면 전국 어디든 하루만에 갔다올 수 있을 만큼. 하지만 중국은 우리나라와 달리 아직도 고향 가는 길이 기차로 4~5일 꼬박 걸리는 나라이다. 그러니 멀고 먼 타지에서 고향 사람을 만났을 때 그 기쁨이 어떠하겠는가. 우리가 느끼는 감정보다 훨씬 더 크게 다가올 수 있다. 중국인이 지연을 가장 중요하게 생각하는 데에는 이러한 배경이 있다.

혈연보다 학연과 지연이 커지는 중국

중국에서 비즈니스를 시작하는 대부분의 사람들이 제일 먼저 하는 일이 중국에서의 연을 찾는 일이다. 아는 사람도 없고 문화도 말도 잘 통하지 않는 곳에서 사업을 도모하다보면 현지인의 도움이 절실할 수밖에 없다. 이때 돈독한 관계의 연이 있다면 그것만큼 큰 힘이 되는 것도 없다.

우리나라도 사람마다 학연, 지연, 혈연 등 다양한 연을 맺고 살아간다. 인간적인 관계를 맺으며 동고동락하기도 하고, 그 연을 통해 사업적인 어려움을 풀기도 한다. 물론 그러한 연이 자칫 부패의 고리가 되어 인생이나 사업을 망치는 경우가 많다. 그래서 일부에서는 일단 연이라고 하면 은근히 부정적인 시각을 드러내기도 한다. 하지만 아무리 부작용도 많더라도 사람 사는 곳에 어찌 연이 없겠는가.

지금의 중국을 보면 과거와는 다르게 혈연보다는 학연이나 지연의 영향이 커지고 있다는 것이 중론이다. 그중에서도 눈에 띄는 것은 학연이다. 중국의 한 인터넷사이트에서 '중국 부자 배출 대학 순위'라는 것을 조사했는데 1위는 누구나 예상하듯 중국 최고의 학문을 자랑하는 베이징대학이었다.

중국 부호방에 오른 1,500명의 백만장자 갑부 가운데 베이징대학 졸업자는 총 35명으로 1위를 차지했다. 이들이 가진 재산은 모두 약 1,000억 위안으로 우리나라 돈으로 환산하면 약 17조 5,000억 원에 달하는 어마어마한 돈이다.

베이징대학 출신의 대표적인 백만장자로는 '신둥팡(新東方)'이라는 교육기술그룹의 위민홍(俞敏洪) 회장이다. 그리고 '2008 베이징 올림픽' 최종 성화주자이자, '리닝(李寧)' 스포츠용품 유한공사의 창업자인 리닝 회장도 있다. 그런데 우리가 주목할 점은 그 다음이다. 이들 억만장자들이 신입직원을 채용할 때 학연을 내세워 출신 대학교를 따지기 때문이다. 이는 한국의 현실과 크게 다르지 않다. 또한 억만장자들은 출신 대학 홍보모델로 활동하면서 대학 홍보는 물론 자신의 영향력을 넓혀나가고 있다.

그렇다면 지연은 어떨까? 중국은 하나의 국가 안에 모여 살지만 문화와 관습이 다른 56개의 민족으로 구성된 큰 나라다. 그들은 각자의 지역에서 각자 다른 문화와 풍습을 가지고 살아가며, 지리적으로 멀기 때문에 입는 옷도 다르고, 표준어가 있지만 서로 의사소통이 안 될 정도의 방언을 사용한다. 여기에 음식 문화와 주거 형태는 물론 물가도 천양지차다. 바로 그러한 차이로 인해 중국 사람들은 비즈니스를 할 때 지연을 매우 중요시한다.

예를 들어 회사가 중국 쓰촨성의 중소 도시에 있는데 두 명의 구직자가 찾아왔다. 한 학생은 베이징대학교를 다니는 모든 면에서 상당한 실력을 갖춘 중국 최고의 엘리트다. 다른 한 학생은 쓰촨성에 소재한 대학을 다니고 있는 그 지역 토박이다. 베이징대에 다니는 학생에 비해 여러 가지 면에서 부족한 점도 많다. 과연 기업에서는 누구를 채용할까? 물론 예외도 있고 상황에 따라 다르지만 이런 경우 대부분 베이징대를 나온 엘리트보다는 현지 사정에 정통한 쓰촨성에서 대학을 나온 학생을 선택한다.

즉 다양한 업무 능력과 잠재력도 중요하지만 쓰촨성에서 나고 자란 학생이 문화와 풍습은 물론, 지역 내의 인맥을 잘 활용할 수 있기 때문이다. 사업을 하면서 필요한 인맥 활용, 이것이 바로 중국의 지연이다.

하지만 권력의 핵심은 혈연이 우선

그렇다면 혈연은 어떨까? 학연과 지연이 최근 대세이기는 하지만 중국의 혈연은 그 이상의 의미가 있기에 다른 시각으로 봐야 한다. 중국의 핵심을 볼 수 있기 때문이다. 혈연의 대표적인 예는 태자당이다. 이미 언급한 대로 태자당은 중국 공산당 혁명의 원로나 고위 공산당 간부의 자녀들이다. 이들은 혈연이나 인맥을 통해 정치·경제적 특권을 공고하게 하면서 중국의 차세대 지도부의 핵심 세력으로 부상하고 있다. 이전에 마오쩌둥은 '권력은 총구에서 나온다'고 했지만 현재 중국의 정치·경제적 파워는 혈연과 밀접한 관련이 있다.

특히 공산당 건국 혁명 원로의 자제들은 아버지의 후광과 폭넓은 인맥을 바탕으로 눈부신 두각을 나타내고 있다. 지난 2002년 '제16차 당대회'부터 공산당 최고지도부인 정치국 상무위원회에 진출하면서 중국 정계의 핵심으로 떠오르고 있다.

이뿐만이 아니다. 현대 중국의 갑부, 즉 1억 위안 이상의 자산을 가진 부자 가운데 91%가 공산당 고위 당원의 자녀들이다. 중국 부의 70%를 인구의 0.4%가 독식하고 있는 가운데 이들 태자당과 당 고위 간부 자녀들의 영향력이 더욱 확대되고 있다. 이들은 또 덩샤오핑의 개혁 개방 정책이 실시된 이후인 1980년대부터 경제적 영향력을 더욱 넓혀가고 있다. 빠른 경제 성장 속에 이들은 혈연을 기반으로 소위 돈이 되는 알짜배기 사업을 독차지하고 있다.

덩샤오핑의 친척들은 거대 기업인 '폴리그룹(Poly Group)'을 장악하고 있으며 주룽지 전 총리의 자녀들은 금융업계에서 영향력을 행사하고 있다. 현 지도부의 자녀들도 재계에서 다양한 요직을 차지하고 있다. 후진타오 주석의 아들 후하이펑(胡海峰)은 국유기업인 '칭화홀딩스(清華控股)'의 당서기이고, 딸 후하이칭(胡海淸)은 '시나닷컴(www.sina.com)'의 전 최고경영자인 마오다오린(茅道臨)과 결혼했다.

원자바오 총리의 아들 원윈쑹(溫雲松)은 국영 IT 기업인 '유니허브(Unihub)공사'의 회장을 맡고 있으며, 사위는 '다롄스더(大连实德) 그룹'의 회장이다. 이런 경제적 영향력은 정치권으로도 이어지고 있다. 2007년 17차 당대회 때는 25명의 정치국 위원 가운데 7명이 태자당으로 메워졌다.

이렇게 중국은 사회주의 체제 안에서 소위 권력층인 공산당 고위 간부의 혈연은 아주 견고한 카르텔을 형성하여 권력화와 세력화를 이루고 있다. 따라서 한국의 중국 내에서 정치적·경제적 역량을 높이기 위해서는 향후 그들과 연을 맺으려는 노력이 매우 중요하다. 그리고 연이라는 핵심 고리 안에 사회주의와 공산당이라는 체제가 있다는 것을 인지해야 한다.

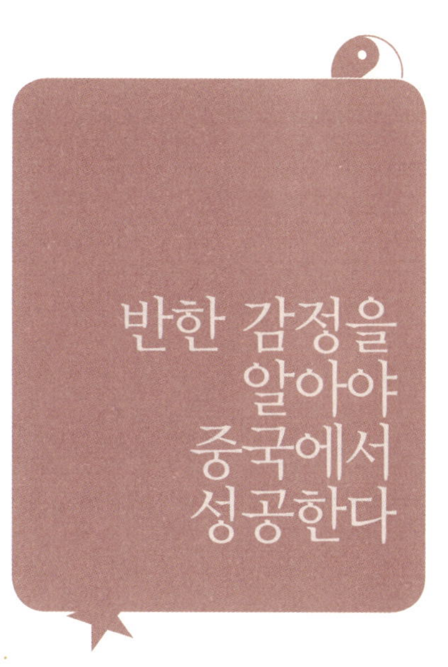

1949년 공산당 정부를 수립한 후, 중국은 미국과 수교를 맺고 있는 모든 국가를 적으로 간주하는 외교 정책을 펼쳤다. 우리나라 또한 예외가 아니었다. 게다가 중국은 한국 전쟁에 북한을 옹호하는 입장으로 참전까지 하지 않았던가. 그 결과 한국과 중국은 거의 40년 넘게 단절의 벽을 쌓고 지냈다.

중국과 구소련이 미국과 대립하는 이 같은 냉전 체제는 구소련의 붕괴로 막을 내렸다. 그 후 미국과 중국이 화해 모드를 조성하고 우리나라도 1990년부터 추진한 북방 외교정책으로 1992년 역사적인 한중 수교를 성사시켰다. 특히 한중 관계는 1986년 서울 아시아경기대회와 1988년 서울 올림픽, 1990년 북경 아시아경기대회에서 선수단을 교류하면서 급속하게 발전해나갔다. 1992년 8월 24일 베이징에서 한중 수교 공동성명에 서명함으로써 두 나라 관계는 새 장을 열었다.

중국, 중국인과 한류

한중 수교 이후 두 나라의 경제적 발전과 무역 교류는 세상을 놀라게 했다. 최근 한중 두 나라의 항공 정기 운항 수는 일주일에 800회가 넘어섰다. 또 양국의 교역액은 1992년 82억 달러 규모에서 2010년 2,071억 7,000만 달러를 기록하고 있다.

중국은 한국의 최대 무역 상대국으로 최대의 수출 시장이자 수입 대상국이 됐다. 또한 한국의 중국에 대한 직접투자액(FDI)도 어마어마하다. 476억 7,000만 달러로 중국은 한국의 최대 투자 대상국의 위치를 유지하고 있다.

특히 한중 두 나라의 경제적 이익은 현재 한국이 앞서있다고 하겠다. 자동차, 조선, 철강, 전기, 반도체 등의 상품이 대한민국에서 수출되고 있으며, 최근에는 문화콘텐츠까지 중국을 강타하고 있기 때문이다. 한국의 음반과 드라마, 영화 심지어 연극까지, 중국은 말 그대로 한류 열풍에 빠져 있다.

'한류'라는 용어 자체도 중국이 시발점이었다. 2000년 2월, 중국에서 일기 시작한 한국의 대중문화에 대한 열풍을 표현하기 위해 중국 언론이 한류라는 용어를 사용하기 시작한 후 널리 알려졌다. 한류는 2005년 수출된 드라마 〈대장금〉이 중화권에서 히트를 치면서 절정에

달했다. 그 이후 송혜교, 이병헌이 출연한 드라마 〈올인〉과 송혜교, 가수 비가 출연한 〈풀하우스〉가 중국의 안방 극장에서 커다란 인기를 얻으면서 확대되었다. 중국뿐만 아니라 타이완 등 중화권 젊은 세대에게 한국 연예인들은 폭발적인 인기를 얻게 되었다. 이 당시의 한류 열풍이 어느 정도였냐면 '하한쭈(哈韓族)'라는 신조어가 생겨났을 정도다. 하한쭈라는 말은 '한국의 드라마와 영화, 노래, 패션을 좋아하는 사람들'이라는 의미이다.

그러자 중화권 몇몇 나라는 한국의 드라마가 자국의 문화 발전에 심각한 방해가 된다면서 한국 드라마 수입을 규제하기 시작했다. 타이완의 경우, 한국 드라마 수입 규제를 우리나라의 국회격인 타이완 입법원에서 다루기도 했다. 이는 역사적으로 문화 강국으로 평가받았던 중국인의 자존심, 그리고 문화강국으로 변모한 대만민국에 대한 중국인의 질투로 분석할 수도 있다.

중국인의 반한 감정 실태

언제부터인가 한국 사람을 미워하고 질투하는 중국인들이 인터넷상에서 누리꾼으로 활동하기 시작했다. 이 같은 일부 중국인의 심리는 '반한 감정'이란 이름으로 발전해 지난 2005년, 한국에서 '강릉단오제'가 유네스코 세계무형문화유산에 등록되면서 폭발했다.

중국은 단오가 원래 중국 고유의 명절인데 한국이 이를 강탈해서 자신들의 문화유산으로 삼았다고 주장했다. 그동안 중국인은 우리나라 고유한 명절로 단오가 있다는 것을 모르고 있었기 때문이다. 이 같은 오해가 중국 누리꾼들에게 반한감정을 불러일으켜 인터넷상에 근거 없는 왜곡된 이야기를 퍼 나르고 있는 것이다. 대표적인 내용으로는 다음과 같은 것이 있다.

"한국 사람은 공자를 한국 사람이라고 주장한다."

"손중산(중화민국 임시 대총통, 쑨원) 선생도 한국 사람이라고 주장한다."

"중국 음식인 또우장(豆浆, 콩으로 만든 음료)도 한국이 원조(元祖)라고 주장한다."

이런 내용이 인터넷으로 급속하게 퍼져 나가자 한국이 중국의 문화를 존중하지 않고, 역사를 빼앗아간다는 불만으로 '반한 감정'의 골은 점점 깊어가고 있다. 그 이후 중국에서는 이른바 '한국 원조론'에 대한 무차별적인 공격이 펼쳐졌다.

"한국이 한자와 침술을 자기네 것이라고 떠벌린다."

"중국의 미인 서시도 한국인이라고 내세운다."

즉 근거가 없거나 희박한 주장들이 마치 한국의 정론인 것처럼 포장되어 확산됐다.

중국인의 반한 감정의 원인

2010년 민주당 중국정책위원장 자격으로 우리당 소속 국회의원들과 중국을 방문한 적이 있다. 우리는 당시 주중 한국대사를 비롯해 베이징, 상하이 영사 등과 만나 한중 관계에 대한 정부의 입장을 들었다. 대사관 측은 중국의 반한 감정이 매우 심각한 수준이라고 평가했다. 대사관 관계자는 한중 우호 관계를 훼손시키려는 불순 세력이 인터넷에서 조직적으로 반한 감정 여론을 만들어내고 있다는 것이다. 이에 한국 대사관은 중국 정부와 긴밀한 협조 속에 반한 감정 여론을 차단해나가고 있다고 했다.

인터넷의 반한 감정은 1980년대와 1990년대에 태어난 젊은 누리꾼들에 의해 증폭되고 있다. 중국 개혁개방의 달콤한 열매를 먹고 자란 이들은 조국에 대한 무한한 자긍심이 가득하다. 이들에게 한국은 과거처럼 동경의 대상이 아니다. 반한 감정은 이들의 애국심과 민족주의가 한국의 부정적인 측면을 향해 투사되는 통로인 셈이다.

이러한 감정은 한국 내에 중국인 유학생에게까지 이어진다. 2010년 한국에 있는 외국인 유학생 8만 3,842명 가운데 5만 7,783명(68.9%)이 중국 유학생이다. 이들은 짧은 기간 한국에 머물렀다 돌아가는데 인터넷 등을 자유자재로 사용하는 세대라는 점에서 중국이 한국을 바라보는 시선을 알려주는 '창'이기도 하다.

그런데 안타까운 사실은 이들 중 대부분이 한국에 대해 좋은 감정을 가지고 오지만 떠날 때는 오히려 '반한 감정'을 품는다는 점이다. 이것은 유학생에 대한 관리 부실과 중국 유학생에 대한 한국 사회의 편견도 일부 작용하기 때문이다. 경제 · 인문사회연구소의 '한중 양국

민 간 우호 정서 저해 원인 연구'를 보면 그렇다. 중국 유학생 1,220명을 대상으로 설문조사를 한 결과, 이들의 39.7%가 '반한 정서가 있다'고 답했다. 그 이유로 '한국 언론의 왜곡 보도', '중국인 차별과 무시', '역사 인식의 차이', '미국과 일본 선호' 등을 꼽았다.

'반한 감정', '반중 감정'은 앞으로의 미래를 함께 설계해나가야 할 동북아시아의 주인공인 한국과 중국 모두에 아무런 도움이 되지 않는다. 이 점을 양국 모두 주지해야 한다. 점점 세계는 하나의 생활권이 되어 특히 동북아시아의 경우 국경의 의미가 없어지는 시기도 곧 도래할 것이다. 중국에서 태어나 한국에서 자라고 일본에서 취업을 하는 시대가 이미 이루어지고 있다. 이제 그보다 한층 더 통합된 시대가 올 것이라는 사실을 부인할 사람은 없다.

앞으로 다가올 시대에 주인공이 되기 위해서 우리가 가져야 하는 사고방식은 경직되지 않은 유연한 열린 사고다. 역사와 관계된 오해는 역사학자들이 논리와 고증을 통해 해결하는 것이 바람직하다. 서로 확인되지 않은 낭설에 핏대를 올리며 관계를 망칠 이유가 무엇인가. 비즈니스맨이라면 비즈니스 마인드로 생각하라. 중국은 미국에 이은 세계 두 번째 거대 시장이자, 이미 우리에게는 가장 큰 시장이다.

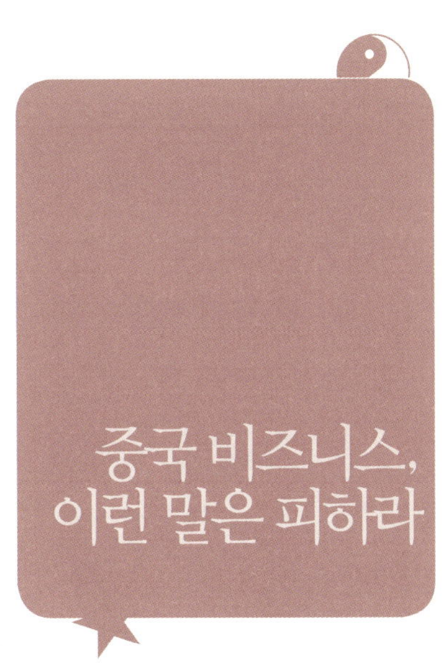

한국인의 뜨거운 애국심은 중국인에게 항상 귀감이 되어왔다. 한국의 눈부신 경제 발전도 한국인의 애국심에서 비롯된다고 중국인은 평가한다. 중국인이 서울을 방문했을 때 가장 놀라는 것은 도로를 달리는 자동차가 대부분 한국산이라는 점이다.

"한국산 자동차가 정말 많네요. 대단해요."

"그래요? 그런데 한국 국회의원 중에 수입차를 타는 정치인이 단 한 명도 없어요."

"정말요? 어떻게 그럴 수가 있어요?"

물론 중국인의 이런 감탄에는 국회의원들이 국산차를 탈 수밖에 없는 우리의 특수한 정치적 환경이 있다. 나는 만약 우리나라 국회의원 중에 수입차를 버젓이 타고 다니면 다음 선거에서 낙선될 가능성이 매우 높다는 현실을 알려주었다.

그래도 중국인들은 한국인의 민족성과 애국심은 중국에서도 널리 알려졌다며 부러워한다. 즉 중국인들은 현대, 기아차뿐만 아니라 삼성, LG전자가 세계적인 기업으로 성장하는 데 이런 애국심이 커다란 구실을 했다고 여긴다.

불타는 애국심으로 중국인을 감동시키려고 하지마라

한국인의 애국심이 중국인에게 부러움의 대상이기도 하지만 한편으로는 부담스러워하는 경우도 많다. 간혹 한중 두 나라 사람들이 이야기를 나누다보면 민감한 문제를 거론할 때가 있다. 예로 두 나라의 민족, 영토, 역사 등이다.

이 문제가 나오면 한국인은 쉽게 흥분하고 매우 공격적인 자세를 취한다. 또 한국 측 입장을 중국 사람에게 강하게 전달하려고 한다. 이에 동의해주지 않으면 가끔은 얼굴을 붉히기도 한다. 주로 이런 민감한 사안에 한국인은 공격적으로 변하고 중국인은 수세적인 자세로 대응한다.

하지만 개인이 아니고 집단일 경우에는 오히려 중국인이 더 공격적으로 변한다. 따라서 중국인과 비즈니스 대화를 나눌 때는 가급적 두 나라의 민감한 사안에 대해서는 피하는 것이 바람직하다. 중국인과 미팅할 때 가급적 피해야 할 사안이나 이야기 등을 미리 숙지하고 들어가는 것도 좋은 방법이다.

나는 몇 년 전 한중 두 나라 간의 비즈니스 자리에서 한중 역사를 놓고 심하게 논쟁하는 것을 목격한 적이 있다. 두 회사 대표가 회의를 마치고 가진 식사자리에서였다. 두 회사 대표들이 술이 취한 상태에서 각각 자신의 역사적인 근거를 가지고 민족적인 자존심을 내세우며 다투고 있었다. 나는 그 광경을 지켜보면서 이 비즈니스는 더 이상 진행되기 어렵겠다고 생각했다.

얼마 후 두 회사의 비즈니스가 결국 좋은 결과를 얻지 못하고 끝났다는 소식을 지인으로부터 전해 들었다. 물론 다른 이유로 비즈니스가 성사되지 못했을 것이다. 그러나 그날의 심한 다툼은 한국 기업에게 부정적인 영향을 미쳤다. 한국 기업의 대표는 사업적으로 굳이 하지 않아도 될 이야기를 해 오랫동안 공들였던 중요한 중국 파트너를 잃고 만 것이다.

이는 중국 회사 대표도 마찬가지다. 일의 성사를 떠나 한국의 중요한 파트너를 잃었을 수도 있기 때문이다.

술 마실 때 특히 민감한 사안을 피하라

백두산, 동북공정, 조선족에 관한 사안은 우리나라 사람들이 애국심에 불타서 중국에서 현지인에게 종종 던지는 주제이다.

1992년 한중 수교 이후에 많은 한국 관광객들이 백두산을 찾았다.

그런데 그 당시 백두산의 2/3 이상이 중국 영토였다는 점을 아는 사람은 그리 많지 않았다. 그러다 보니 웃지 못 할 사연도 많았다. 백두산 정상에 올라 이 아름다운 산이 우리 민족의 명산이라는 자부심에 고취되어 태극기를 꽂고 애국가를 부르다가 공안에게 체포되어 구류를 산 사람도 있을 정도다.

중국 정부는 영토 문제와 민족 문제에 어떤 제3세력의 개입을 용납하지 않고 엄격하게 통제한다. 특히 중국은 단일 민족으로 구성된 나라가 아니기 때문에 더욱 그렇다. 구소련도 다양한 민족이 모여 있던 나라이고 결국은 민족 간의 분쟁과 반목으로 소련이라는 연합 국가가 해체되고 말았다. 모든 국가의 존립에는 체제 유지가 가장 중요하다. 그런 면에서 하나된 중국이라는 기치에 반기를 드는 어떤 행동도 중국 입장에서는 용납하기 힘든 것이다.

그런 면에서 우리는 개인적으로 종종 중국과 반대되는 입장을 거론할 때가 많다. 이는 중국을 대단히 분노하게 만든다. 조선족 문제가 그 대표적인 예다.

중국 정부 입장에서 조선족은 당연히 중국 국민이다. 그런데 한국인이 조선족에게 같은 민족이라고 말하면서 민족적 동질성과 자긍심을 심어주는 행위에 대해 중국 정부는 매우 민감하게 받아들인다. 이는 조선족뿐만 아니라 다른 소수 민족에게도 지대한 영향을 미칠 수 있기 때문이다. 중국 정부가 가장 우려하는 것이 소수 민족을 중심으로 하는 중국의 분열이기 에 조선족에 대한 발언은 좀더 신중해야 한다.

중국에서 동북공정 문제도 민감한 사안이다. 그러나 중국인이 이 문제에 대해 대부분 인지하고 있지만 우리나라처럼 큰 이슈가 되지 않는다. 가끔 나는 가까운 중국 지인에게 동북공정에 대해 입장을 물으면 '잘 모른다', '관심 없다' 등으로 답변을 회피하는 경우가 많았다.

최근에 달라이라마로 대변하는 티베트 사태도 조심해야 한다. 개인적인 의견일지라도 인권이나 독립문제에 대해 중국 정부에 상반된 입장을 취하는 것은 공안에 체포될 수 있을 정도로 매우 위험하다.

따라서 민족이나 역사, 영토 등의 민감한 문제에 대한 것은 범정부적인 정책을 마련하여 대응해야 할 것이다. 특히 이러한 문제가 단기간에 끝날 일이 아니기에 학문적인 연구로 뒷받침할 만한 준비를 제대로 해야 한다. 그래야 자라나는 아이들에게 우리 역사를 제대로 알려줄 수 있을 것이다.

중국인과 비즈니스할 때 해서는 안 되는 이야기들

중국 사람들과 비즈니스 관련 미팅을 하게 되면 당황하는 경우가 종종 발생한다. 중국어가 유창하면 그래도 괜찮지만 그렇지 않으면 그 긴장이 예상 외로 크다. 도대체 무슨 이야기를 꺼내면 좋을지, 어떤 것에 관심을 갖고 있는지 파악하기 쉽지 않기 때문이다. 중국인과 대화를 할 때 주의해야 할 것이 있다.

계속 강조하고 있지만 중국은 우리나라와 다른 사회주의 국가다.

그들 사회에서는 평등과 도덕이 기본적인 덕목으로 요구되고 있지만 사실은 많이 다르다. 정치체제는 아직 사회주의를 이어 가고 있지만 경제 체제는 자본주의와 매우 비슷해지고 있다. 따라서 여기서 제시하는 몇 가지 주제는 중국인과 대화할 때 꺼내서는 안 되는 민감한 것이니 꼭 기억하기 바란다.

아무리 친한 사이라도, 술자리가 무르익었어도 음담패설을 하는 것은 큰 실례다

중국은 지금도 방송, 언론과 인터넷을 엄격하게 통제하고 있다. CCTV를 비롯한 각 지역의 방송은 아직도 그 선정성에 대해서 정부의 검열을 받는다. 또한 성인영화나 잡지를 엄격하게 규제하고 있다. 보통 우리나라에서는 어느 정도 상대방과 친해지면 조금 야한 농담을 하면서 격을 허무는 것이 일반화되어 있다. 하지만 중국의 경우 다르다. 이러한 부분에 매우 민감하고 엄격한 것이 중국인이자 중국 사회이다. 따라서 사업 파트너와 친해졌다고 느끼더라도, 또는 기분 좋은 술자리라고 해도 야한 농담을 하는 것은 바람직하지 않다. 중국인에게 매우 실례를 범하는 것과 같다.

비즈니스 미팅에서 가격을 먼저 거론하는 것은 흥정에서 실패하는 지름길이다

몇 번 거론했지만 비즈니스와 관련된 미팅의 식사나 술자리에서는 비즈니스에 관련된 이야기는 가급적 하지 않는 것이 좋다. 특히 가격 같은 민감한 사안은 먼저 꺼내는 것이 좋지 않다. 중국과의 가격 협상을 하다보면 서로 먼저 가격을 말하지 않으려고 안간힘을 쓴다. 그런데 우리나라 사람들은 이를 참지 못하고 불쑥 말을 꺼내는 경우가 많다.

중국에서 비즈니스는 뚝심 있게 버티는 사람이 승리할 가능성이 크다. 이는 특히 동북 지방의 중국인에게 해당된다고 하겠다. 중국 비즈니스는 흔히 양자강 이남과 이북으로 나뉜다. 북쪽 사람들(동북3성, 산둥성 사람들)은 의리와 사람을 중시한다. 가격을 흥정하기 전에 엄청나게 접대하고 인간관계를 도모한다. 그런 과정을 통해 상대방에 대한 신뢰에 확신을 갖게 되면 그 다음에 가격을 조율하는 경우가 많다.

반면에 광동성 등 남쪽 사람들은 일단 커피숍이나 패스트푸드점 같은 곳에서 식사를 하면서 가격에 대한 이야기를 먼저 하기도 한다. 이재에 밝은 남방 사람들에게 사업은 사업, 꽌시는 꽌시인 것이다.

중국의 정치 이야기는 분위기만 나쁘게 할 뿐이다. 아무런 이익도 얻을 수 없다.

중국 공산당, 선거, 자본주의식 다당제 등의 이야기가 대표적이다. 중국의 정치 현황에 대해서 비판하거나 한국의 선거제도와 비교하는 것은 삼가해야 한다. 중국에서 정치 이야기를 하는 것은 우리나라 1970년대 군사 독재 시절의 분위기와 흡사하다. 그 시절 우리나라에서도 택시를 타고 가면서 기사에게 대통령이나 정부를 비판했다가 신고로 잡혀 들어갔다는 이야기를 들어본 적이 있을 것이다.

중국에서 현 정부와 지도부를 비판하는 것은 매우 민감한 사안이다. 이런 주제를 꺼내면 중국인들은 경직되고 비즈니스에 필요한 대화는 단절되고 말 것이다.

모든 중국인이 다 그런 것은 아니지만 마오쩌둥, 저우언라이, 덩샤오핑과 같은 지도자들에 대한 중국인의 존경심은 상상을 초월한다. 중국에서 이들을 비판하려는 생각을 버려라. 굳이 이런 사람들에 대한 이야기가 나왔다면 그들의 장점을 칭찬하는 것이 좋다.

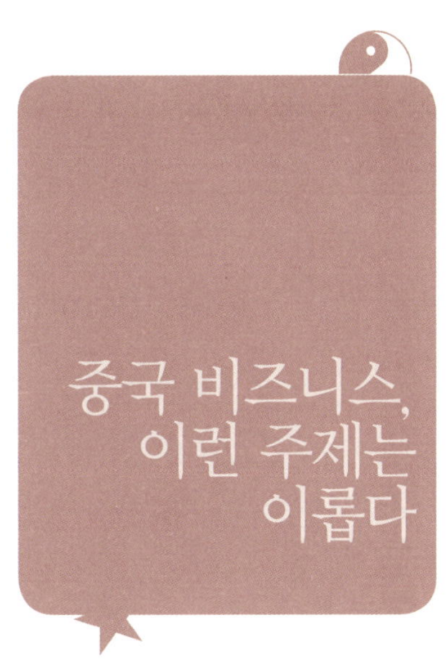

★우리나라 사람들이 비즈니스 미팅에서 사적으로 가장 많이 하는 이야기는 뭘까? 요즘 세태를 보면 아무래도 골프 이야기가 가장 많을 것이다. 이 세상에서 마음대로 안 되는 것이 딱 두 가지 있는데 그 중 하나는 자식이고, 나머지 하나는 골프라는 말도 있다. 서먹한 상대와 골프를 거론하면서 대화를 이끌어가면 매우 긍정적인 효과를 볼 수 있다. 골프 약속도 잡고 실제 라운딩을 하면서 장시간 많은 대화를 하다보면 친근감이 싹트면서 이해의 폭이 넓어진다. 이때 비즈니스는 성공을 향해 한층 더 가까워진다.

이렇게 사교에서 친목으로, 그리고 친목에서 사업으로 발전하는 과정은 특히 중국 비즈니스에서는 기본 중에 기본이다. 왜냐하면 중국의 비즈니스를 실제 진두지휘하는 대표급은 실상 비즈니스 관련된 이야기를 많이 하지 않기 때문이다. 특히 식사나 술자리에서는 직위 고하를 막론하고 비즈니스에 대한 말을 거의 안 한다. 한국의 경우에는 아무리 오랜 시간 프레젠테이션을 하고 공을 들인다고 해도 정작 결론이 나는 것은 식사나 술자리인 경우가 많은데 이런 면에서는 중국은 정반대라고 볼 수 있다.

중국인은 식사 장소에서는 돈이나 사업에 관한 이야기를 직접적으로 거론하는 것은 '상도'가 아니라고 본다. 물론 일부에서는 의심이 많은 중국 사람들이 식사 자리를 통해 파트너의 긴장을 풀어주면서 상대방의 인격이나 스타일을 면밀히 검토한다는 설도 있다. 최근 다국적 기업이 중국에 많이 진출하면서 서양의 비즈니스 방식으로 직설적인 모습을 띠는 경우가 늘고 있는 추세이기도 하다.

비즈니스에서 사교가 중요하다면 사교의 기본은 무엇인가? 바로 대화다. 우리가 식사를 함께하면서 술을 마시는 것도 다 대화를 하기 위한 것이다. 골프가 비즈니스에 가장 좋은 스포츠가 된 이유도 오랜 시간 대화할 수 있기 때문이다. 물론 대화라고 모두 같은 것은 아니다. 어떤 대화를 하는가가 매우 중요하다. 대화의 주제에 따라 상대방에게 호감을 줄 수도 있고 나쁜 인상을 남길 수도 있기 때문이다.

여기에서는 비즈니스를 위해 중국인과 만났을 때 하면 좋은 이야기를 몇 가지 소개한다. 문화도 언어도 다르지만 아래 얘기를 슬쩍 던져놓으면 분명 상대방의 관심을 유도하고 대화를 이어나갈 수 있는 계기가 마련될 것이다.

중국과 한국의 공통되는 문화 이야기

추석, 설날 같은 명절 이야기나 띠에 대해 대화하는 것이다. 중국과 우리나라는 같은 동북아시아 문화권에 속해 있기에 비슷한 전통문화를 많이 가지고 있다. 예를 들어 중국과 우리나라는 모두 음력 8월 15일을 명절로 보낸다. 두 나라 모두 그날은 큰 달을 보면서 달과 관련된 놀이를 하거나 음식을 즐긴다. 중국에서는 월병을 먹고 우리나라에서는 송편을 먹는다.

중국인과 대화할 때 이런 이야기는 서로 동질감을 느끼고 가깝게 생각하는 계기를 만든다. 대화를 시작할 때 추석, 설, 단오 등 시기에 맞는 명절과 세시풍속을 거론하면서 안부를 묻는 것도 좋은 방법이다.

추석이 다가온다면 "추석을 잘 보내라"고 한다든가 추석이 지났다면 "추석에 가족, 친지들을 잘 만났느냐?"와 같은 덕담이 그것이다.

띠도 중국인과 대화할 좋은 소재다. 중국인은 나이를 크게 신경 쓰지 않기 때문에 나이를 묻는 것보다는 띠를 묻는 것이 더 좋다. 중국인을 만났을 때 "당신은 무슨 띠인가요?"라고 물으면 크게 놀란다. 띠를 가지고 있는 것은 중국인뿐이라고 생각하기 때문이다.

중국의 고전

우리는 어린 시절부터 《삼국지》, 《수호지》, 《초한지》, 《손자병법》

등 중국의 고전들을 접해왔다. 중국인을 만났을 때 이런 고전소설에 대해 구체적으로 이야기하면 그들은 중국에 대해서 아주 잘 아는 사람이라고 인정 해줄 것이다. 하지만 잘 모른다면 하지 말자. 어설프게 아는 척을 하는 것은 안 하느니만 못하다. 하나의 작품이라도 정확하게 이해한 다음 대화의 소재로 활용해야 한다. 그리고 아는 체를 넘어 어떤 인물에게 어떤 부분에서 감동을 받았는지 구체적으로 말하라.

한자

중국의 고전문학을 잘 알지만 의사소통이 잘 안 될 경우 한자를 써가면서 대화를 하는 것도 방법 중 하나다. 우리나라에서도 한자를 배우고 있지만 중국과 쓰는 게 다르다. 한국에서는 전통적으로 써오던 방식 그대로의 한자인 번자체를 유지하고 있는데 반해 중국에서는 간략 한자인 간자체를 사용하고 있기 때문이다. 그래서 중국 내에서도 번자체를 알아보는 사람은 지식인이라고 여긴다.

그만큼 번자체의 한자가 어렵기 때문이다. 간혹 중국어를 하나도 못하는 사람이라도 번자체를 이용해 의사소통을 하면 교육 수준이 매우 높고, 중국을 잘 이해하는 지식인으로 평가받는다. 현재 우리나라 50대 이상에서는 중국인보다 오히려 한자를 더 많이 알고 있는 경우도 있다. 이런 사람들과 만나면 중국인들은 크게 감탄하고 존경심을 보이기도 한다.

한류

특히 요즘에는 한류에 대한 중국인의 관심이 뜨겁다. 한국의 유명 연예인의 이야기나 드라마, 영화는 대부분의 경우 환영받는 소재가 될 것이다. 중국에서는 이미 〈대장금〉, 〈풀하우스〉, 〈올인〉 등의 드라마가 크게 인기를 끌었다. 드라마에 출연했던 남녀 주인공은 중국에서 이미 대스타로 대우받을 정도로 선풍적인 인기를 얻고 있다. 근래에는 아이돌 그룹의 인기도 대단한데 슈퍼주니어의 경우 특히 대만에서 폭발적인 인기를 누리고 있다.

한류 이야기를 하면 중국 사람들이 꼭 물어보는 것이 있다. 한국 여성은 모두 드라마에 나오는 것처럼 미인이냐는 것이다. 그만큼 한국에 대해 신비감을 많이 느끼고 궁금해한다. 한편으로 한국 여성은 모두 성형을 하느냐는 오해를 사기도 한다. 있는 그대로 극히 일부라는 이야기를 해주는 것이 좋다.

스포츠

개혁 개방 이후에 중국에서는 스포츠에 대한 관심이 매우 높아졌다. 냉전 시대에 중국의 주적은 미국이었다. 그래서 그 당시에는 체조나 탁구 등 구소련 중심의 스포츠가 발달하고 인기도 누렸다. 미국과 자본주의의 산물인 야구와 미식축구는 큰 관심을 얻지 못했다. 특히 야구는 현재까지도 거의 보급되지 않았다고 해도 과언이 아니다. 하지만 축구는 다르다. 물론 축구도 개혁 개방 이후 발전하기 시작했지만 영국에서 시작되었다는 것이 그나마 긍정적인 영향을 미쳤기 때문이다.

미국에 이어 세계에서 두 번째로 경제 규모가 큰 중국은 신흥 재벌들이 화수분을 앞세워 축구계로 진입하고 있다. 2011년 중국 무대를 휩쓸고 있는 광저우 '에버그란데 FC'는 한국 출신의 이장수 감독이 이끌고 있다. 지난 1년 간 선수 영입하는 데만 300억 원을 넘게 썼고, 남미 최고의 선수인 아르헨티나 출신 미드필더 '다리오 콘카'를 데려오는데 1,200만 달러(한화 약 127억 원)을 주는 등 스포츠 육성에 파격적인 지원을 하고 있다.

이는 역대 중국 클럽이 쓴 이적료 중 가장 높은 금액이다. 열광적인 축구팬이자, 광저우 헝다(광저우 에버그란데 FC)의 회장인 쉬자인(許家印)은 '돈은 얼마든지 줄 테니 박지성을 영입해달라'고 이장수 감독에게 요구하기도 했을 정도다. 지금 중국에서는 셀 수 없이 많은 자금이 축구계로 흘러들어가고 있다.

특히 한국 축구는 중국에게 있어서 부러움의 대상이자 질투의 대상이기도 하다. 중국의 축구 팬들은 한국의 국가대표를 거의 다 알정도로 한국 축구에 관심이 많다. 그들은 한국 축구의 강한 체력과 정신력을 중국이 아직 뛰어넘지 못한다고 생각하고 있다.

이기고 싶지만 아직까지는 넘기 힘든 벽이 한국 축구인 것이다. 그래서 매우 큰 질투심을 보이며 본인들 입으로 직접 공한증을 예로 들며 자국 선수들을 성토하기도 한다.

"한국 축구는 정말 대단하다. 왜 우리 중국은 한국을 이기지 못하는가?"

만약 중국인이 이렇게 이야기하더라도 칭찬에 취해 들뜨지 말고 겸손하게 대해야 한다. 기분에 취해 역시 한국 축구가 최고라고 말하면 상대방은 마음을 닫아버리고 만다.

"중국이 축구를 정말 잘하지만 우리와의 경기에서는 번번이 운이 없는 것 같다."

"중국은 남미 축구를 구사하는 만큼 앞으로 기술 축구의 강국이 되어 우리나라와 함께 아시아 축구의 큰 기둥이 되자."

이런 식으로 돌려서 말하는 지혜가 필요하다. 혹시 축구를 말하다가 비즈니스 파트너의 마음을 상하게 했다면 탁구로 돌려라. 알다시피 중국 탁구는 세계 최강이자, 모든 국제 대회에서 우리의 라이벌이기도 하다. 하지만 아직 우리가 진정으로 중국의 벽을 넘지 못한 것이 현실이다.

"올림픽에서 우리의 큰 경쟁자이지만 아직 중국을 넘지 못했다. 앞으로 좋은 경쟁자가 될 것이다."

이렇게 상대방의 자존심을 세워주면 좋은 관계를 만들어갈 수 있을 것이다.

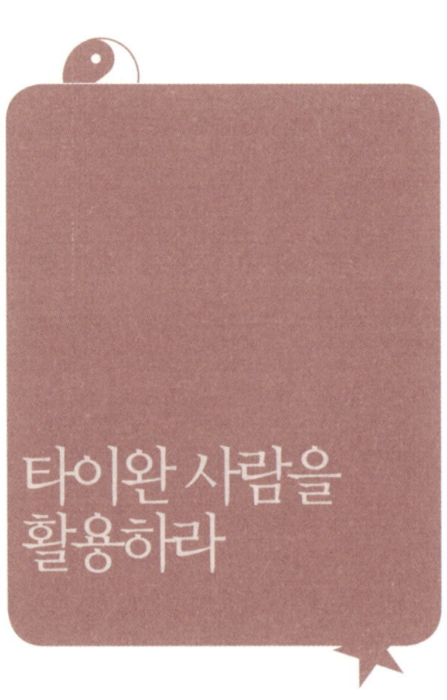

★전에 한국 IT업계의 요청으로 국내 IT기술을 타이완 및 중국 이동통신 사업과 연계하여 홍보하는 일을 맡은 적이 있다. 그 업체는 중국 진출이 처음인데다 회사 내에 마땅한 중국 전문가를 확보하지 못한 상황이었다. 그래서 예전부터 알고 있던 나에게 다리를 놓아줄 수 있는지 물어왔다. 그리고 그 일을 내가 책임져주기를 원했다.

중국에 처음 진출하는 회사의 홍보를 담당하는 일은 다년간의 경험으로 중국을 아는 나라고 해도 결코 쉬운 일이 아니다. 그것도 이동통신 분야에서는 더더욱 그렇다. 내가 중국에 대해 남들보다 많이 알지는 몰라도 IT나 이동통신 전문가는 아니기 때문이다. 신중하게 생각한 끝에 결정을 내리기 전 친하게 지내고 있는 타이완 친구들을 찾아갔다. 그중에는 타이완에서 IT업체를 하고 있는 친구도 있었다.

먼저 내 고충을 털어놓았다. IT 분야에 대한 전문 지식이 없고 이 복잡한 기술을 중국어로 홍보하는 데 한계점을 털어놓았다. 그러면서 어렵게 국내 IT기술을 소개하자 타이완 친구들은 한국 기술에 감탄했다. 그리고는 중국 진출을 하는데 기꺼이 함께하기로 결정했다.

그런데 타이완 친구들은 두 가지 조건이 있었다. 우선 타이완과 중국에 대한 영업권을 정식으로 계약하자는 것이었다. 또한 중국 진출에서 얻은 수입금을 나누자는 것이었는데, 두 부분 모두 합리적인 조건을 제시했다. 고민할 여지없이 한 배를 타고 중국에 진출했다.

타이완 사람을 통해 중국인의 비즈니스를 살펴라

7일간의 출장 기간 동안 선쩐(深圳, 심천), 상하이, 베이징을 돌았다. 하루에 한 두 업체 만나고 저녁에는 업체 사람을 불러내 식사를 하는 형식이었다. 나에게는 이번 일정이 매우 느슨하게 느껴졌다. 업체 사람과 술을 겸한 저녁식사는 일체 사업에 대한 이야기는 하지 않고 자기들끼리 술 마시기 게임 등 즐겁게 농담만 주고받았다. 당시 이런 중국의 비즈니스 문화를 이해하지 못했던 나로서는 실망감이 컸다.

문제는 이뿐만이 아니었다. 중국 측에서 나를 불러 이번 사업을 왜 타이완 사람들과 함께하는지 묻기 시작했다. 처음에는 중국 이동통신 측의 말단직원이 슬쩍 물어보았다. 그러더니 나중에는 팀장급 인사가 직접 나를 따로 불러서 타이완 사람들과 협력하게 된 계기를 자세하게 묻는 것이 아닌가? 마치 무슨 커다란 잘못이라도 저지른 듯 취조를 당하는 느낌이었다. 나는 영문도 모르는 채 그저 사실대로 대답할 수밖에 없었다.

먼저 타이완으로 유학을 갔을 때부터 알던 오래된 친구들이라는 점을 설명했다. 그리고 그동안의 상황을 설명하면서 나와 오랜 짠시가 있고, 또 모르는 부분에 대해서 알기 위해 타이완 친구들에게 연락해서 도움을 받게 되었다고 솔직하게 말했다. 한참을 묵묵히 이야기를 듣고 난 중국 이동통신의 관계자는 그제야 이런 저런 이야기를 꺼내놓기 시작했다.

이야기의 논점은 다른 사업은 몰라도 중국에서 통신사업을 계획했다면 타이완 사람들과 함께하는 것은 좋지 않을 것이라는 충고 아닌 충고였다. 한 나라의 이동통신은 국가의 보안이나 군사문제와 관련되는 일급비밀이 된다. 그런 만큼 통신사업은 중국 정부의 까다로운 심사를 통과해야 하는 것이 기본이었다. 보안을 중점으로 두는 사업인 만큼 중국측이 타이완 사람의 개입을 불안하고 불편하게 느껴질 수밖에 없다는 점이었다.

우리에게 북한이 그러하듯이 중국도 일종의 분단 국가이고 타이완은 통일의 대상이다. 그런 상황에서 국가의 보안과 관련된 사업에 타이완 사람이 참여하겠다는 것은 거부감을 보이기에 충분한 일이었다.

보안 문제 말고도 또 다른 문제가 있었다. 바로 중국의 자존심이었다. 부족한 기술을 전수받아야 하는 대상이 바로 타이완이라는 것이 거슬린 것이었다. 다양한 IT기술에 대한 프리젠테이션을 타이완 사람에게 받는 것이 중국인의 자존심을 긁은 것이었다.

결국 우리의 사업은 실패로 돌아갔다. 허탈하게 돌아오는 비행기에서 나는 타이완 친구에게 말했다.

"이번 출장 말이야, 한국 사람 같으면 3~4일이면 끝냈을 거네."

그러자 그 친구는 대뜸 이렇게 답했다.

"사업은 사람을 사귀는 걸세. 이번 출장에서 나는 좋은 친구들을 많이 사귀었네. 이번 출장은 대성공이야."

비행기 안에서 그 친구의 말을 몇 번이나 되새겨보았다. 타이완 친구가 아니었다면 과연 사람을 사귀는 중국식 비즈니스의 기본을 맛볼 수 있었을까?

이 일을 통해서 중국 비즈니스에 관련된 중요한 두 가지 교훈을 얻었다. 하나는 다른 건 몰라도 IT사업, 특히 통신, 보안 분야 사업은 타이완 사람을 끼고 하는 것이 좋지 않다. 두 번째는 타이완 사람도 중국 사람이기 때문에 그들을 통해 중국 본토 사람의 기질을 잘 이해할 수 있다는 측면이다.

중국에 접근하는 데 타이완 사람을 활용하는 것은 상황에 따라서 많은 도움이 될 수 있다. 비록 사업은 성공하지 못했지만 타이완 친구들이 중국 사람들을 접대하는 것을 보면서 어떤 방식으로 비즈니스를 하는지를 알게 되었다. 또 얼마나 많은 시간을 두고 꽌시를 형성하는

지를 알게 되었다.

타이완 사람을 활용해야 하는 세 가지 이유

비록 IT 분야에서는 타이완 사람들을 활용해서 중국에 진출하는 계획이 실패로 돌아갔지만 다른 분야는 그렇지 않다. 중국 진출에 타이완 사람들을 활용하는 것은 중국인의 비즈니스 마인드를 어느 정도 엿볼 수 있고, 어떤 면에서는 보험이 될 수도 있다. 언어가 자유롭게 통하고 중국 대륙 사람들의 기질을 잘 알기 때문에 중국 공략에 나섰을 때 적어도 사기나 허풍에 속지 않을 수 있다.

내가 잘 아는 타이완의 아주 작은 제조업체가 중국에 공장을 차렸다. 타이완에서는 직원이 10명 정도 되는 작은 회사였지만 중국 진출을 통해 회사 성장의 기반을 다지기 위해 큰 결단을 내린 것이다. 막상 중국으로 진출하려니 어느 곳에 터를 닦아야 할지부터 고민거리였다. 이 타이완 업체는 장고 끝에 광뚱성의 동꽌시(东莞市)라는 곳에 자리를 잡았다.

우리나라 삼성이 둥지를 튼 곳으로 유명하지만 타이완의 기업들이 밀집해 있는 곳이기도 하다. 소위 중국 내에 있는 '타이완 타운'이라 해도 과언이 아닐 정도다. 게다가 이곳은 지리적으로 남쪽이다. 중국에서 소득 수준이 가장 높고, 소비 문화도 활발하게 이루어지는 곳이다. 또 이곳은 홍콩과 인접해 있어 개혁 개방 바람이 일찍 불어 기업

환경이 좋은 곳이다.

또 타이완 사람들과 비슷한 성향을 가진 남방 사람들이고 날씨와 기후도 타이완과 같은 아열대 지역이다. 결국 이곳에 자리를 잡은 타이완 기업은 이곳 원주민들이 같은 남방 사람이라는 기질을 감안해 좋은 직원을 구하기가 쉬웠다고 한다. 직원들을 다루는 데에도 크게 문제는 없었다고 한다. 이런 바탕으로 이 제조회사는 몇 년 사이에 직원 400명 규모로 부쩍 성장했다. 같은 민족인 타이완 사람들조차 중국에 진출할 때는 보다 그네들과 흡사한 환경을 찾는 것이다. 이것이 바로 우리가 타이완 인맥을 중국 진출에 활용해야 하는 이유다. 이 외에도 타이완 사람들을 활용해 중국 진출을 꾀하면 좋은 몇 가지를 소개하겠다.

첫째, 타이완과 우리는 같은 자본주의 체제이다. 따라서 다양한 측면에서 중국 본토 사람보다는 비즈니스 상식이 잘 통한다.

둘째, 타이완과 중국은 같은 중국인이기 때문에 언어 및 문화가 비슷하다는 점이다. 이들을 활용하면 중국인을 보다 세밀하게 파악하고 문제점을 파악하면서 해결하기가 쉽다.

셋째, 타이완 사람도 중국 남방 사람으로 분류되기 때문에 비즈니스 마인드가 뛰어나다. 선수는 선수가 알아본다고 어설프면 진정한 프로의 먹이밖에 되지 않는다.

그렇다고 한국인의 상술을 얕게 보는 것이 절대 아니다. 중국은 광활한 영토에 지역에 따라 상술도 다양하기 때문에 사전에 철저한 준비를 통해 비즈니스를 세밀하게 해야 한다는 의미이다. 이런 특성을 잘 파악하면 쓸데없이 힘을 빼지 않아도 되고 성공할 확률을 좀더 높일 수 있다.

앞서 거론한 타이완 기업은 최근 어려움을 겪고 있다. 사실 처음에는 싼 인건비 덕에 중국 본토에서 승승장구해왔는데 요즘 노조 문제로 골머리를 앓고 있기 때문이다. 최근 중국에는 급속한 경제 성장으로 부익부 빈익빈 현상과 함께 다양한 양극화 현상이 매우 심하게 나타나고 있다. 그로 인해 사회에 불만을 품은 노동자들이 쉽게 파업을 선언할 수 있는 대상이 바로 외국 기업으로 이 기업도 예외가 아니었다.

본토 직원으로 구성된 노조는 파업을 결의하고, 회사를 상대로 소송을 하기에 이르렀지만 겨우 잠재워놓았다고 한다. 하지만 이는 언제 터질지 모르는 시한폭탄을 안고 있는 것과 같다. 현재 중국에 거세게 불고 있는 경제 성장과 자유의 바람이 타이완 사람이라고 해서 피해 가지는 않는 것 같다. 따라서 한국 기업은 어떻겠는가, 노조 문제나 임금 협상 등 다른 외국 기업의 사례를 발 빠르게 취합해 분석하는 등 대안을 마련해놓아야 위기를 맞지 않을 수 있을 것이다.

★★중국 유학 시절 연을 트고 지금까지
자주 왕래하며 지내는 중국 지방정부 관계자에게서 급한 도움을 청하
는 전화가 왔다. 중국 후베이성에서 해외 투자를 받아야 할 일이 있는
데, 여기에 투자를 할 만한 사람들을 좀 소개해줄 수 있냐는 것이었
다. 당시 중국과의 민간 자본의 교류 방법을 생각하고 있던 나는 지인
중에 중국 투자에 관심을 보이던 경제인을 비롯해 지역 구의원과 함
께 중국으로 향했다.

후베이성은 세계에서 가장 크다는 장강삼협댐이 있는 지역이다. 관
광지로도 유명하지만 양쯔강을 중심으로 이 지역의 경제 개발을 하자
는 움직임이 한창일 때였다. 후베이성의 여러 시를 둘러보고 우리가
들른 곳은 '샤오깐시(孝感市, 효감시)'였다. 그곳에서 우리는 여성 시장인

량 시장을 만날 수 있었다. 량 시장은 우리를 친히 초대해주었다. 당시 량 시장의 사무실 안에는 커다란 직사각형의 회의 탁자가 있었다. 량시장과 우리는 탁자에 자리를 잡고 앉았다.

출입문을 마주 보고 있는 상석에는 두 명이 앉을 수 있는 자리가 마련되어 있었다. 한 자리에는 량 시장이 앉고 나머지 한 자리에는 당시 동행한 일행 중에 나이가 가장 많은 구의원이 앉았다. 그러고는 한 시간여 동안 샤오깐시에 투자하는 문제를 다양하게 논의했다. 미팅이 끝나고 시장실을 나서는데 당시 실무 담당자가 나에게 이런 질문을 던졌다.

"저분은 어떤 역할로 이 자리에 앉으신 건가요?"

저분이란 상석에 앉은 구의원을 의미했다. 우리나라에서는 상석에 연장자를 앉게 하는 것이 예의이기에 이 일을 총괄하고 있는 내가 아닌 그분을 그 자리에 앉게 해드렸다고 간단하게 설명했다. 그러자 중국 실무자는 매우 의아해하면서 한편으로는 한국의 예의에 감탄을 금치 못했다. 나중에 알고 보니 이런 자리 배치는 중국에서는 있을 수 없는 것이었다.

서열이 정해져 있는 중국의 테이블

한국의 식당이나 회의실 같은 곳에는 대부분 네모진 탁자가 놓여 있다. 물론 회의실에서는 거의 의자에 앉지만 아직까지 식당 중에는 방에 앉는 자리와 의자에 앉는 자리가 반반 정도일 만큼 한국은 상 문화가 발달되어 있다. 그렇다면 한국의 상 문화에서 상석은 어디일까? 정답은 문을 마주 본 자리 중 가운데다. 그리고 좌우 옆자리나 그 맞은편에는 그날 초대받은 사람이 앉는다. 상석에 그날 모임 참석자 중 가장 높은 사람이 앉게 되고, 나머지 사람들이 앉는 데에는 별다른 규칙이 없다. 단지 상석의 주변에 높은 사람들이 모여 앉는 정도다.

하지만 중국은 조금 다르다. 존댓말도 없는 중국에 무슨 서열이 있을까 하겠지만 중국만큼 자리의 서열을 절대적으로 따지는 민족도 흔치 않다. 더욱 신기한 것은 중국에서는 대부분 원탁에 앉는다는 점이다. 원탁은 일종에 평등과 탈권위를 의미한다. 원탁에 앉으면서 철저하게 서열을 가린다니 의아해할 만하다. 중국에서 원탁에 앉을 때 자리의 서열은 어떻게 결정될까?

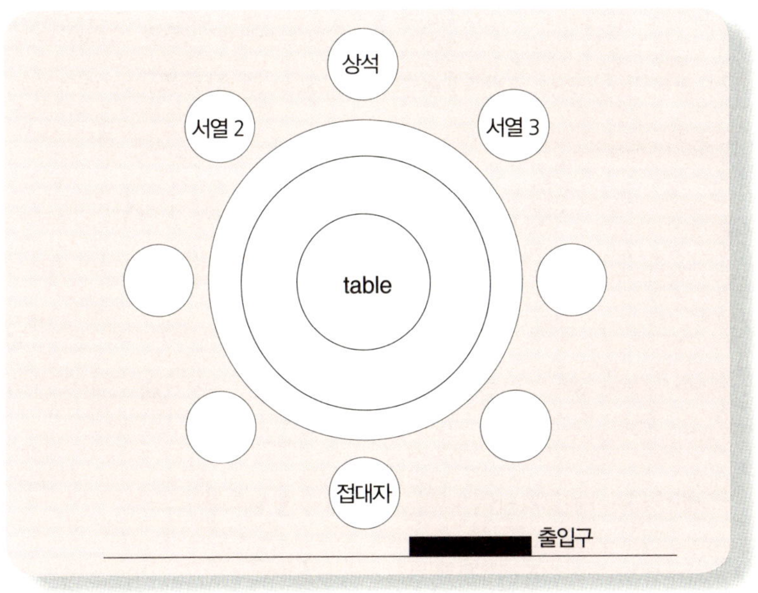

테이블에서의 서열별 좌석배치

우선 문을 열고 들어가서 문을 바라보는 바로 그 자리, 그러니까 문의 맞은편 자리가 그 모임의 주도권을 쥔 사람이 앉는 상석이다. 상석을 기준으로 가장 높은 사람의 왼쪽에는 두 번째 서열권자가, 오른쪽에는 세 번째 서열권자가 자리를 잡는다. 하지만 지역에 따라 왼쪽, 오른쪽 서열이 바뀔 수 있다.

나머지도 그런 방법으로 상석에서 멀어질수록 서열이 낮아지는 방식이다. 그리고 상석의 맞은편 자리, 그러니까 등 뒤로 문이 있는 자리는 그날 그 자리의 계산을 하는 사람이 앉는 경우가 많다. 결국 중국에서는 원탁에 앉아 있는 사람들의 자리를 보고 그날 서열 1위부터 꼴찌까지를 한 번에 가늠해볼 수 있다.

그렇다면 도대체 자신의 서열이 몇 번째인지를 어떻게 알고 자리를 잡을 수가 있을까? 만일 그날의 모임이 격식을 갖춘 큰 모임이라면 앉아야 할 자리에서 명찰을 찾을 수 있다. 큰 모임에서는 자리를 찾는 혼잡을 막기 위해 중국에서는 대부분 명찰을 준비해 자리를 정해놓는다. 특히나 외국인이 있다면 이러한 준비는 더 철저해진다.

문제는 명찰이 없을 때이다. 이럴 때 아무 생각 없이 아무데나 앉으면 큰 실례가 된다. 단순한 친교의 자리가 아니라 비즈니스를 위한 자리라면 자리가 정해진 경우가 대부분이니 자신이 앉을 자리를 미리 파악해두는 게 좋다. 만약 명찰이나 푯말이 눈에 띄지 않는다면 자신의 좌석이 어디인지 물어보는 것이 가장 좋다.

"칭원 워 더 웨이즈 짜이 나알. (请问 我的位置在哪儿)"

－내 자리가 어디입니까?－

이렇게 물어보면 중국인들은 재빨리 자리를 안내해준다.

밥상에도 문화가 있고, 비즈니스가 있다.

한국은 문을 바라보는 가운데 좌석이 상석이고 나머지는 특별한 의미가 없으나 중국은 평등을 뜻하는 원탁을 많이 사용한다고 했다. 즉 중국은 그 안에서 서열을 철저히 지킨다는 것인데 이는 매우 특별한 의미를 가진다.

유학 초기 중국의 식사자리에서의 문화적인 충격을 잊지 못한다. 밥과 술이 함께 하는 약 10명 남짓 모였던 것 같다. 처음에는 원탁에 각자 서열에 따라 자리를 잡고 앉아 식사하기 시작했다. 그런데 음식이 한두 가지 나오고 술잔이 돌기 시작하자 그날 서열이 가장 높은 사람을 제외하고는 저마다 왔다갔다 했다. 건배를 하고 싶은 사람에게 다가가 깐베이를 권했다. 술이 얼큰하게 취하자 누구 하나 자리에 앉아 있는 사람이 없을 정도로 모두 술잔을 들고 다니며 친목을 다지기 위해 원하는 상대에게 다가가 술을 마시고 이야기를 했다. 그렇다면 도대체 왜 그렇게 철저하게 서열에 따라 자리를 정해주고 그 자리에 앉게 하는 걸까? 혼란스럽기까지 했다.

중국의 식사 자리를 보면 서열에 따라 자리를 앉긴 하지만 아무리 낮은 서열의 사람이라도 초청한 손님에게 다가가 건배를 제의하는 경

우가 많다. 철저하게 서열에 따라 자리를 정하지만 서열 사이에 교류
는 활발하다. 그래서 중국 식당에 가면 사람들이 매우 분주하게 움직
이는 것을 볼 수 있다. 한 자리에 가만히 앉아서 자리의 주변 사람들과
건배하고 대화하는 것이 아니라 계속 돌아다니면서 인사를 나눈다.

"환영합니다. 반갑습니다. 존경합니다. 건배합시다."

서열이 높든 낮든 모두 꽌시를 만들기 위해 매우 분주한 모습을 보
인다. 그렇다면 한국의 경우는 어떤가?

상석을 제외한 나머지 사람들이 자유롭게 일단 자리를 잡고 앉으면
크게 이동하지 않고 그 자리에서 식사를 마치는 경우가 대부분이다.
술도 자신이 앉아 있는 자리 주변의 사람들에게만 권하고 그날의 최고
서열이 먼저 술을 권하지 않는 이상 서열이 낮은 사람이 먼저 권하는
모습도 찾아보기 쉽지 않다. 하지만 서열이 높은 사람이 술잔을 비웠
을 때는 재빨리 술을 따른다. 이것은 한국의 식사 문화가 신발을 벗고
바닥에 앉는 상 문화의 반영이기도 하다. 바닥에 앉아 있는 만큼 움직
임이 자유롭지 않으니 말이다.

좌식이나 입식이나 앉는 문제보다 더 심층적으로 들여다보아야 하
는 것은 바로 소통과 개방에 관련된 것이다. 한국은 겉으로 보기에는
자리에 서열 구분이 없어 자유로워 보이지만 속을 들여다보면 결코
그렇지 않다. 이동이 별로 없고, 최고 서열인 사람이 먼저 손을 내밀
기 전까지 아랫사람이 먼저 인사를 건네는 것조차 쉽지 않은 구조이
기 때문이다. 결국 한국에서는 구조적으로 위아래의 소통하는 게 어

렵다.

반면 중국은 좌석 배치를 미리 정해놓을 정도로 겉보기에는 철저하게 서열이 지켜지는 것 같다. 하지만 식사 시간 내내 이동하면서 서로 꽌시를 만들고 소통하는 평등함과 자유로움이 있다. 그런데 이는 모두 전통적으로 내려오는 관습이자 문화이다. 또 우리나라의 경우 이런 문화는 시대가 변하면서 많이 변해 요즘 젊은 세대는 이런 것을 별로 따지지도 않는다. 자신 있게 자신의 의견을 표현하고 다가간다. 어디가 좋고 어디가 나쁨을 떠나 소통이란 인간관계의 기본이고 비즈니스의 출발이다.

중국인과의 식사 자리에서 꽌시를 생각해 촐싹거리며 술에 취해 이리저리 왔다갔다 횡설수설하는 것보다는 차라리 앉아 있는 편이 훨씬 낫다.

자리의 서열만큼이나 중요한 것이 술문화이다. 상대에게 당당하게 다가가 제대로 술을 권하고 예의를 표할 때 보이지 않는 서열이 매겨진다. 중국인에게도 무게감은 매우 중요한 평가 기준이기 때문이다.

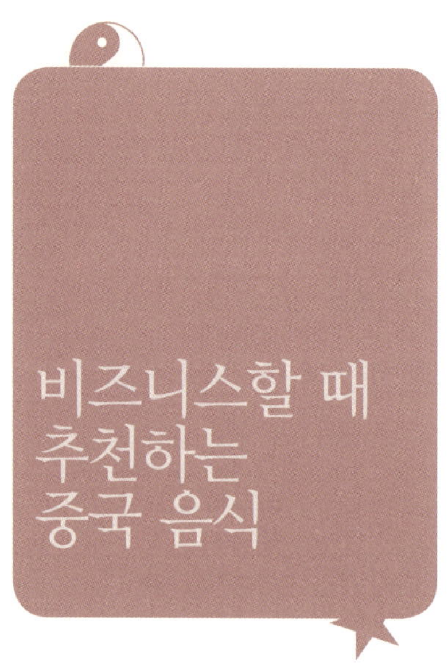

★중국에 갈 때마다 느끼는 것이지만 그들의 다양한 음식문화를 보면 정말 경이롭다. 중국 음식은 마치 넓은 지역의 다양한 자연환경과 최남단의 열대에서 냉대까지의 기후 분포, 여기에 13억의 인구를 대변이나 하듯 그 종류가 상상을 초월한다. 9년 동안 중화권에서 유학을 했고, 지금도 출장을 자주 다니지만 여전히 중국을 방문할 때마다 처음 맛보는 음식을 만난다. 5,000년 중국 역사에 가장 찬란한 문화의 한 부분이 음식 문화이기 때문이다.

그런데 수많은 중국 음식 문화에 대해 우리가 잘못 알고 있거나 선입견을 갖고 있는 부분이 상당하다. 흔한 예로 중국인은 쌀밥을 주식으로 한다고 여기지만 한국 사람에 비해 의존도는 매우 낮은 편이다. 또 중국인도 우리처럼 숟가락, 젓가락을 사용하지만 중국의 숟가락은 우리네 그것과는 생김새부터 다르다. 중국의 숟가락은 큼지막하고 사기로 되어 있는데 마치 작은 국자처럼 생겼다. 그래서 숟가락은 탕을 먹을 때만 사용한다.

그렇다면 젓가락은 어떨까? 중국인은 한국인보다 훨씬 능수능란하게 젓가락을 사용한다. 공기밥의 밥알도 숟가락을 사용하는 것이 아니라 젓가락으로 집어 먹기 때문이다. 중국 영화에서 자주 보는 장면이지만 쌀밥을 먹을 때 공기밥을 손으로 들어서 입에 대고 젓가락으로 쌀밥을 밀어넣는 장면을 보게 된다. 우리에게는 조금은 생소하지만 그 모습이 문화의 차이인지 중국인답게 보이기도 한다.

죽을 때까지 다 먹어보지 못할 중국 음식

그렇다면 중국의 음식 문화를 안다는 것은 과연 비즈니스에 어떤 도움이 될까? 어떤 의미가 있을까? 먼저 중국인의 음식 문화를 간단히 소개하고 중국 사람을 어떻게 접대해야 하는지 방법에 대해 알아보자. 중국은 술과 마찬가지로 음식도 지방마다 확실한 차이가 있다.

중국 음식은 양쯔강을 기준으로 북방 음식과 남방 음식으로 나뉜다. 또 지역 특색에 따라 음식을 구분한다. 수도 베이징 요리는 면류와 만두, 육류, 그리고 튀김, 볶음 등 기름진 음식이 많다. 또 1972년 중미 수교에 앞서 베이징에서 가진 마오쩌둥 국가주석과 닉슨 전 대통령의 만남에서 선보인 베이징의 대표 요리인 '베이징 카오야(北京烤

鴨, 북경 구운 오리)’는 닉슨 전 대통령이 극찬한 것으로 유명하다.

광뚱성 요리는 중국 남부 지방을 대표하는 음식이다. 신선한 해산물 요리와 ‘디엔신(點心, 딤섬)’, 즉 한 입 크기로 만든 만두로 유명하다. 광뚱성 음식은 대체로 맛이 달다. 광뚱성이나 홍콩 식당에 가보면 식사하기 전에 가지각색의 디엔신 요리를 고르게 된다. 그래서 셀 수 없이 많은 디엔신 중에 구미에 맞는 것을 고르는 것도 여행의 재미로 손꼽힌다. 특히 광뚱성 요리의 소재는 중국 내에서도 가장 다양해 이 지역 사람들이 ‘네 다리를 갖고 있는 것 중에 안 먹는 것은 책상, 그리고 날아다니는 것 중에 안 먹는 것은 비행기뿐’이라는 농담이 있을 정도다.

난징(南京, 남경) 요리는 중국 중부 지방의 도시인 난징, 상하이, 소주(蘇州) 등지의 요리로 대표된다. 양쯔강의 풍부한 생선이나 해산물을 넣어 요리한 음식이 많다. 특히 상하이는 바다를 끼고 있어 해산물 요리가 유명하다. 특히 상하이는 근대사에서 서구의 영향을 많이 받았고 최근에는 세계적인 국제 도시로 변모해 서구화된 음식이 많다. 상하이의 특산물인 간장을 써서 만드는 생선 요리는 맛이 일품이다. 요즘 상하이에 가면 전 세계 모든 음식을 맛볼 수 있지만 고급 식당가의 음식 가격은 한국보다 비싼 편이다.

쓰촨성 음식이 한국인의 입맛에 가장 잘 맞는다. 청두, 충칭 등의 도시를 중심으로 발달한 쓰촨성 음식은 고추, 파, 생강 등을 넣은 향신료 조리법이 발달해 있어 음식이 무척 맵다. 특히 쓰촨성은 풍토병에 걸리기 쉬운 아열대의 습한 기후이기에 이 지역 사람들은 예전부터 예방 차원에서 고추를 즐겨 먹는다.

쓰촨성은 분지 지역으로 더위가 무척 심해 한여름에는 40도를 웃도는 살인적인 폭염으로 유명하다. 때문에 쓰촨성 사람들의 음식 중에는 한국 사람들이 먹기 힘들 정도의 짠 음식도 있다. 땀을 많이 흘리기 때문에 염분이 많이 필요하기도 하지만 더운 날씨로 인해 음식의 보관이 어렵기 때문이다. 쓰촨성의 대표적인 음식은 마풔또우푸(马乙豆腐, 마파두부), 마라훠구오(马拉火锅, 마랍화과), 궁바오지띵(宮保鷄丁, 궁보계정) 등이 있다.(220페이지 참조)

그렇다면 중국인의 식탁에는 어떤 음식이 올라갈까? 중국 사람들은 쌀밥이나 면류를 주식으로 하고 반찬으로는 육류, 채소류, 탕류를 골고루 즐겨 먹는다. 하지만 쌀밥보다 반찬을 많이 먹는 편이다. 특히 우리나라와 달리 쌀밥은 식사 중반이나 후반부에 나오는 경우가 많다.

중국의 식당 문화가 우리와 다른 것은 중국은 코스별로 음식이 나온다는 점이다. 처음에는 차(茶)가 나온다. 물론 차 종류는 손님이 고른다. 음식이 나오는 순서는 렁차이(冷菜, 차가운 음식으로 볶은 땅콩, 은행, 수박씨, 호박씨 등)가 먼저 나온다. 그 다음은 러차이(热菜, 따뜻한 음식으로 두부요리, 고기요리, 볶은 야채 등)가 여러 종류로 나온다. 그리고 거의 끝날 무렵 생선 요리가 나오고 마지막으로 탕이 나온다. 그 다음은 과일, 케익 등 디저트가 나오면서 식사가 마무리된다.

공기밥이나 국수 종류는 식사 후반 무렵 따로 주문하는 경우가 많다. 또 중국 사람들은 아침식사로 쌀밥을 거의 먹지 않는다. 주로 만두 종류와 요우티아오(油条, 밀가루를 개어 막대기 모양으로 만들어 기름에 튀긴 음식)나 죽 종류를 먹는다.

식사에 차가운 반찬을 먹지 않는 중국인

그렇다면 한국의 음식 문화는 어떤가? 우리나라는 전통적으로 중국의 코스문화가 아닌 '한 상' 문화이다. 상 위에 음식이 푸짐하게 차려진 것을 보며 즐거워하는 것이 우리 민족이다.

"상다리가 휘어지게 차려보라."

대표적으로 우리의 식문화를 대변하는 말이다. 하지만 한정식 외에 대중 음식은 중국 음식에 비해 상당히 단출한 편이다. 메인으로 설렁탕, 김치찌개, 된장찌개, 비빔밥, 갈비탕, 육계장, 삼계탕, 제육볶음, 순대국, 부대찌개 정도를 시키고, 여기에 일반적인 김치나 나물 등의 밑반찬과 국, 공기밥 정도로 차려진다.

그렇다면 중국 사람이 한국에 왔을 때 어떻게 식사 대접을 해야 할까? 중국인이 한국에 왔을 때 평소 우리가 먹던 대로 식사대접을 한다면 어떨까? 아마 조금은 당황해할 것이다. 예를 들어 설렁탕을 한 그릇 시켜줬다고 치자. 위에서 언급한 것처럼 중국 코스 음식에는 가장 늦게 나오는 음식이 탕이다. 그런데 떡하니 설렁탕이 공기밥과 함께 처음부터 등장하면 중국인은 시작하기도 전에 식사를 끝낸다는 의미로 받아들일 수 있다.

또 중국인은 국에 밥을 말아먹지 않는 습관도 있다. 물론 한국을 방문했으니까 한국의 음식문화로 이해를 할 테지만 중국에서 중요한 비즈니스 손님이 왔을 때, 우리의 대표적인 음식 문화를 선보이겠다며 아무 생각없이 데리고 가는 것은 추천하고 싶지 않다. 하지만 삼계탕은 중국 사람에게 널리 알려진 음식이고, 또 가장 선호하는 한국 음식 중 하나이기에 한 끼 정도 대접하는 것은 좋다.

한국의 밑반찬 중 김치, 무채, 콩자반, 멸치볶음 등 같은 음식은 중국식대로라면 렁차이이다. 중국에서 렁차이, 즉 차가운 음식은 서양식으로 표현하면 식욕을 돋우는 '에피타이저' 정도다. 따라서 한국의 밑반찬은 중국 사람이 주식을 먹을 때 먹는 반찬과는 거리가 멀다. 따라서 접대할 때 명심해야 한다. 중국 사람은 주식을 먹을 때 주로 볶음요리나 튀김 요리, 삶은 요리 등 따뜻한 음식을 즐겨 먹는다는 것을.

만약 간단하게 식사 대접을 하고 싶다면 칼국수 같은 국수 종류가 좋을 듯싶다. 중국인도 간단하게 점심식사를 할 때는 미엔탸오(面条, 국수)를 즐겨 찾기 때문이다.

거듭 강조하지만 중국인은 전통적으로 차가운 음식을 좋아하지 않기 때문에 생선회도 즐겨 먹지 않는다. 하지만 중국의 개혁 개방 이후 유학생이 급증하면서 최근 생선회 요리를 찾는 중국인이 급격히 늘어나는 추세라고 한다. 만일 생선회를 대접하고 싶다면 상대방의 취향을 물어본 후에 조심스럽게 시도해보는 것이 좋다.

요즘은 한류 덕분에 중화권 나라의 방송과 매체에서 한국 음식에 대한 소개를 자주한다. 그래서 예전에 비해 한국의 음식 문화를 이해하는 중국인이 많다. 그만큼 우리나라에 오는 중국인이 우리의 음식 문화에 대해 어느 정도의 기본적인 지식을 가지고 오는 경우가 많다. 중국 음식과는 다른 한국 음식의 이해가 많아졌다니 다행이다. 한류 덕에 중국과의 비즈니스가 조금 수월해진 셈이다.

※한국인이 중국 현지에서 시켜도 실패하지 않는 중국 음식 Best 5

• 마풔또우푸(麻婆豆腐, 마파두부) 중국 쓰촨성 지방을 대표하는 음식 중 하나로 한국인 입맛에 맞는 칼칼한 맛을 낸다. 중국의 문화대혁명 이후 한때 '마랄두부(麻辣豆腐)'라는 이름으로 불리기도 했는데, 여전히 '마파두부'라고 불린다. 매콤한 양념에 돼지고기와 두부가 어우러져 누구나 쉽게 즐길 수 있다.

• 회이구어로우(回鍋肉, 회과육) 비계가 약간 있는 돼지고기를 마늘종, 마늘, 양파 등을 넣고 간장과 식초로 간을 하여 기름에 볶은 요리로 고기를 두 번 익혔기 때문에 육질이 매우 부드럽다. 우리나라의 제육볶음과 비슷한 맛이 난다.

• 궁바오지띵(宮保鷄丁, 궁보계정) 외국인이 비교적 좋아하는 중국 요리 중의 하나이다. 닭고기와 땅콩, 고추, 오이, 당근, 양파, 생강 등을 조미용 황주, 간장, 설탕, 식초, 화초(花椒, 화쟈오, 산초나무 열매로

독특한 향을 낸다)로 맛을 내어 볶음 요리이다. 마지막 글자 '丁'은 손톱크기로 썬 모양을 설명하고 있다. 계정(鷄丁, 지띵)은 닭고기를 잘게 썰은 볶은 요리를 말한다.

• **샹구요차이**(香姑油菜, 향고유채) & **시란화**(西兰花, 브로콜리) 샹구요차이의 향고는 표고버섯이고, 유채는 겉절이 배추와 비슷한 채소다. 이 두 채소를 기름에 볶은 요리로 표고버섯의 향과 유채의 부드러운 맛이 잘 어우러져 있다. 시란화는 브로콜리를 기름에 볶고, 소금을 쳐서 만들어 먹는다. 시란화가 건강에 좋다는 것은 중국인에게 잘 알려져 있어 식당에서 자주 주문하는 메뉴다.

• **찡장로우스**(京酱肉丝, 경장육사) 깐두부와 돼지고기를 채로 썰어 장에 고기를 볶은 것으로 우리나라 사람 입맛에 잘 맞는다. 한국식 자장면 맛이 난다.

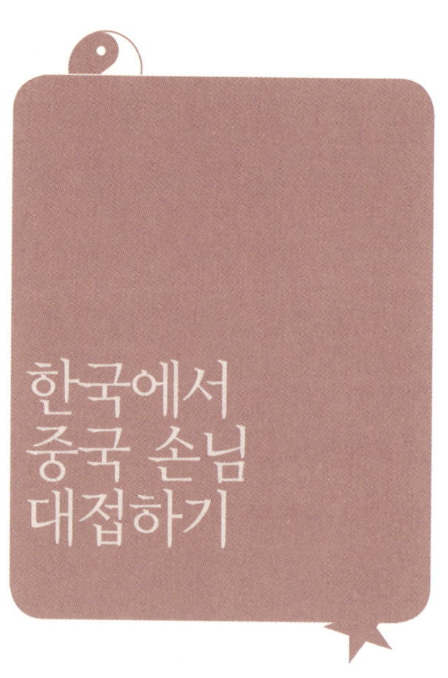

★참여 정부 시절, 인천국제공항으로 입국할 때 공항터미널 내에 걸린 '다이내믹 코리아'라는 슬로건을 볼 수 있었다. 나는 이 문구가 한국인을 가장 잘 나타낸 표현이라고 본다.

몇 년 전 중국에서 IT 관련 업체 사장이 한국을 방문했을 때의 이야기다. 주로 서울의 여의도, 서소문, 강남에서 한국 IT업체와 미팅을 가졌다. 한국 업체 직원은 말끔하게 정장을 차려 입고 IT기술에 대해 열변을 토해냈다. 중국 손님들은 한국 IT업계의 깔끔한 매너에 찬사를 보냈다.

점심시간이 되어서 회사 밖으로 나가자 점심을 먹으러 나오는 여의도, 광화문, 강남역 일대 수천 명의 넥타이 부대를 보고 중국인들은 깜짝 놀랐다. 비슷비슷한 차림의 직장인들이 다 어디에 있다 나오는 것이냐며 혀를 내둘렀다. 당시 중국에는 이 같은 대규모의 넥타이 부대가 흔치 않았기 때문이다. 특히 중국 남방의 샐러리맨은 정장보다는 간편한 캐주얼 차림이 많다.

저녁에 중국 손님과 강남역 부근 한식당에서 술자리를 했다. 밤 10시 무렵, 식사를 마치고 식당을 빠져나오는데 중국 손님이 강남역 부근의 광경을 보며 나에게 물었다.

"오늘은 한국의 국경일입니까?"

점심시간에 보았던 넥타이 부대들이 늦은 시간 삼삼오오 모여 술에 취해 있는 것 아닌가. 그들 중에는 취해 택시를 잡는 사람, 비틀거리면서 다투는 사람, 무엇이 좋은지 소리를 지르며 동료들과 즐거워하는 사람 등 강남역 밤거리가 한눈에 쏙 들어왔다.

한국인에게는 익숙하지만 이 광경이 중국인 입장에서는 매우 신기한 모양이었다. 나도 중국에서 오랜 기간 체류했지만 중국에서는 길거리에서 술에 취해 비틀거리는 사람을 보는 건 쉽지 않다.

"한국 사람들은 밤과 낮이 두 얼굴입니다. 하지만 정말 한국 사람들은 역동적입니다. 한국 사람은 에너지가 넘쳐흐르나 봅니다."

그 중국 손님 말 속에는 밤거리의 한국인의 모습이 낮에 보았던 매너 있는 모습과 상반된다는 뜻이 있었다. 이 말을 듣고 처음에는 조금 민망했지만 중국인의 눈에도 한국은 '다이내믹 코리아'였나보다.

중국 식당은 가능한 피하라

중국인을 접대할 때 중국 음식점을 데리고 가는 것이 어떻겠냐고 묻는다면 추천하고 싶지 않다.

첫째, 한국에 온 중국 손님에게 전통적인 음식을 선보이는 것이 당연하기 때문이다. 그들도 한국에 왔을 때 한국 음식에 대한 호기심이 있을 것이고 〈대장금〉을 비롯한 한류 드라마를 보면서 한국 음식에 대한 기대 심리가 크기 때문이다. 특히 요즘은 한류 영향 탓에 한국 음식을 선호하는 중국인이 많은데 그들에게 한국 음식은 이미 맛있고 건강에 좋은 웰빙 음식으로 정평 나 있다. 우리나라에는 중국인의 입맛을 사로잡을 음식은 얼마든지 있다.

둘째, 한국에서 중국 음식을 먹어본 대부분의 중국인은 '중국의 현지 맛이 나지 않는다'고 평가한다. 비싼 돈을 주고 대접하는 것인데 이 같은 평가를 들을 이유가 없지 않은가.

셋째, 중국 본토의 음식점과 비교하면 한국 내 중국 음식점은 매우 초라하게 느껴진다는 것이다. 중국에서 접대 받게 되면 고급 식당이 아니더라도 규모가 대단히 크다. 또 각 방에는 화려한 장식과 전문적으로 서빙하는 직원이 따로 있다. 하지만 가격이 한국에 비해 굉장히 저렴한 편이다.

특히 중국인은 한국의 고물가를 실감하지 못하기 때문에 자신들이 먹은 중국 음식에 대한 가격을 본토와 비교해 바로 산출한다. 만약 그럴 경우, 도시마다 차이가 있겠지만 최대 2배 이상의 가격 차이가 날 수도 있다. 우리는 비싼 가격을 치르고 중국 음식을 대접했는데 중국 손님은 대중적인 싼 음식으로 받아들여진다면 얼마나 억울한가.

중국 손님과 저녁식사할 때 피할 것과 권유할 것

중국 손님과 저녁식사는 중국에서처럼 하는 것이 좋다. 나는 가능하다면 반주를 곁들인 저녁식사를 추천하고 싶다. 저녁식사의 메뉴로는 경제적인 여유에 따라 다르지만 한국인에게도 가장 대중적인 삼겹살, 돼지갈비, 보쌈, 곱창, 족발, 불고기, 갈비 등이 좋을 듯싶다.

중국에도 채식주의자가 있지만 일반적으로 중국인들은 소고기보다 돼지고기를 선호하는 편이고, 양고기와 오리고기를 무척 좋아한다. 삼겹살집에 가서 삽겹살과 돼지갈비를 번갈아 시켜주면 좋아한다. 또 상추에 고기를 싸서 먹는 방법을 가르쳐주면 재밌어 하기도 한다.

중국인이 보기에는 생식으로 야채와 마늘 그리고 고추에 고추장을 찍어 먹는 모습을 신기해하기도 한다. 하지만 한국 음식이 건강에 좋다는 것은 이미 중국 내에서도 널리 알려져 있기 때문에 거부감 없이 이러한 음식 문화를 받아들이는 편이다.

이때 주의할 점은 고기를 먹을 때 나오는 찌개는 반드시 각자 개인 접시에 덜어 먹어야 한다는 것이다. 한국에 비해 위생에 소홀하다고 평가받는 중국이지만 같은 냄비에 수저를 서로 담그면서 먹는 것은 비위생적으로 여긴다. 우리도 이제는 국 종류의 찌개를 각자의 그릇에 덜어 먹어야 할 것이다.

한국식 샤브샤브도 추천하고 싶다. 중국에서는 '훠우고우'라고 하는데 한국식 샤브샤브는 중국인이 좋아하는 메뉴다. 특히 다 먹고 식당에서 만들어주는 샤브샤브 국수 전골을 좋아하는 중국인이 많다. 명동, 홍대 근처에 가면 저렴하고 분위기 좋은 곳이 꽤 있다. 좀더 여유가 있다면 인사동 부근의 한정식집도 가볼만 하다. 중국인들은 마치 드라마 〈대장금〉에 나오는 왕이 된 듯한 착각을 할 수도 있다.

하지만 중국인에게 홍어회나 깻잎은 권유하지 않는 것이 좋다. 음식에서 나는 독특한 향 때문에 식욕을 떨어뜨릴 수 있다. 특히 삭힌 홍어회는 한국인 중에도 그 독특한 맛 때문에 꺼리는 사람이 있을 정도이니 중국인에게는 권하지 않도록 하자. 깻잎 역시 특유의 향을 싫어하는 중국 사람들이 꽤 많다. 중국인들이 좋아하는 샹차이(香菜, 향채-'고수'라고도 함)를 한국인이 꺼려 하는 것과 비슷하다.

마지막으로 비즈니스를 할 때 바쁜 일정 때문에 식당에 갈 시간이 없는 경우다. 부득이하게 사무실에서 식사를 해결해야 할 때는 한식일 경우에는 고기나 튀김 류의 반찬이 많이 들어있는 도시락을 주문하는 것도 괜찮다. 주위에 패스트푸드점이 있다면 의향을 물어 피자나 햄버거, 후라이드 치킨을 시켜주어도 좋다. 중국인은 밀가루 음식을 즐겨 먹는 데다 한국인보다 입맛이 서구화되어 있어 평소에도 빵을 즐겨 먹기 때문이다.

내 경험에 의하면 중국인은 한국식 자장면을 좋아하지 않는다. 그 이유는 중국 산뚱성 화교들이 국내에 들어와 자장면 맛을 한국인 입맛에 맞춰 변형시켰기 때문이다. 두 나라의 자장면의 맛 차이는 꽤 큰 편이다. 중국식 자장면은 한국식에 비해 오히려 기름기가 적고 고기, 양파 등 양념이 들어가지 않는다. 한국의 칼국수 같은 면발을 사용하고 맛은 한국 자장면에 비해 오히려 달지 않고 짜다.

마지막으로 중국의 음식점에서는 손님들에게 차를 제공하기 때문에 한국에 방문한 중국 손님들이 한국 식당에서 제공하는 차가운 물을 선호하지 않는다. 따라서 음식점에 보리차가 준비되어 있으면 데워서 제공하면 좋다. 중국인은 한국인에 비해 커피는 즐겨 마시지 않는 편이다. 하지만 최근 베이징, 상하이, 광쩌우 등 대도시에 거주 하는 젊은 세대들은 커피를 즐겨 마신다. 식사 후 근사한 커피숍에서 차 한 잔을 하는 것도 나쁘지 않을 것이다.

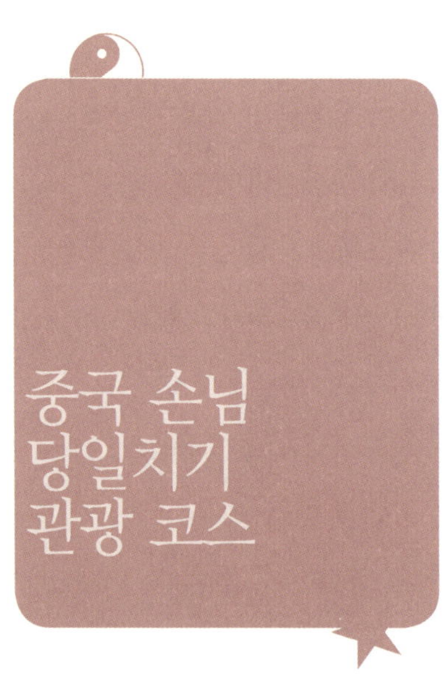

★ 중국 출장도 많이 가지만 나를 찾아
한국에 오는 중국 손님도 많다. 그중에는 대만 손님도 적지 않다. 친한 친구일 경우 나를 보기위해서 한국을 방문하지만 그밖에 지인들은 기업이나 정부의 초청으로 한국을 방문하는 경우가 많다. 물론, 비즈니스를 목적으로 오는 손님도 있다.

지난 2007년 12월 대선기간에는 당시 타이완 집권당인 민진당의 관계자들이 한국의 대통령 선거를 배우기 위해 방한했다. 내가 그들을 데리고 추웠던 대통령 선거 유세장을 돌아다녔던 기억도 생생하다.

어찌되었든 나를 찾는 중국 손님은 관광이 주된 목적이 아니다. 그들은 한국을 방문해 각자의 스케줄에 따라 매우 바쁜 일정을 소화한다.

그 때문에 그들은 진짜 한국을 보지 못하고 중국으로 돌아갈 때가 많다. 그 광경을 보면 마음이 매우 씁쓸해진다. 우리도 중국에 대한 선입견이 있듯이 중국인도 우리에 대해 오해와 편견을 갖고 있기 때문이다. 따라서 나는 중국 손님이 방한했을 경우, 더 많은 한국을 보여주기 위해 애쓴다.

한국인, 한국의 상징을 보여주자

중국 손님과 함께 움직일 때도 일부러 한강을 바라볼 수 있는 올림픽 도로나 강북 강변도로를 이용하고 식사를 접대할 때도 청와대를 통과해 삼청동을 자주 찾는다. 차를 마실 경우에는 남산에 있는 'N서울타워'에 올라갈 때도 있다. 일정이 끝나면 동대문으로 데려가 야시장의 활기찬 모습도 보여준다. 물론, 그들에게 자유 시간이 생기면 서울 외곽에 진짜 관광지를 데려가기도 한다.

개인적인 의견이지만 중국인은 대한민국의 전통적 유형 문화보다는 한국인의 정신 문화를 더 좋아하는 것 같다. 중국인의 시각으로 얼핏 보면 한국의 전통적인 유형 문화는 같은 아시아권 문화로 자신들의 눈에 익숙하게 느껴지기 때문이기도 하다.

중국인은 우리나라의 고궁이나 역사박물관을 다니는 것보다 한국인의 최근 트렌드가 무엇이냐에 대해 관심이 높다. 또 한국인의 정신을 높이 평가하기 때문에 우리들의 실생활을 보여주는 것도 중국인에게는 매우 새로운 경험일 것이다.

민주주의를 수호하는 정신, 어른들을 공경하는 효 정신, 질서를 지키려는 도덕 정신 등이 그것이다. 시청 앞 광장의 촛불 시위도 그들에게는 멋진 광경이고 지하철에서 젊은이가 어르신에게 자리를 양보하는 것도 그들에게는 색다른 모습일 것이다. 또 야구장에서 실컷 먹고 놀다가 자리를 뜰 때 봉투에 직접 쓰레기를 담아 가는 모습도 중국인에게는 멋진 한국의 모습으로 기억될 것이다.

이 같은 한국인의 기질과 정신은 중국인에게 부러움의 대상이자 귀감이다. 따라서 중국인에게 한국인의 모습을 잘 보여주는 것도 하나의 '관광상품'이 되지 않을까 한다.

중국인에게 없는 것을 공략하자

요즘 전 세계적으로 한류 열풍, 아니 광풍이 불고 있다고 해도 과언이 아니다. 대한민국을 찾는 외국인들은 우리나라의 문화에 대한 많은 기대를 갖고 찾아온다. 필자의 중국 지인들도 많은 기대를 품고 한국을 찾는다. 찾아온 손님을 아낌없이 대접하는 것도 우리의 좋은 전통 문화 중에 하나이다. 하지만 우리와는 다른 문화를 가지고 있는 중국인에게 무엇을 보여주고 어떤 것을 소개해주는 것이 좋은지를 결정하는 것은 쉽지 않은 일이다. 그간 다년 간의 경험을 바탕으로 중국인들에게 소개해주면 120% 만족할 만한 서울 근교의 관광 코스를 소개한다.

통일전망대

서울에서 임진각 방면으로 가다보면 오두산 통일전망대를 만날 수 있다. 서울에서 30분 정도면 갈 수 있고 근처에 DMZ나 땅굴, 판문점 등 분단된 우리나라의 현실을 보여줄 수 있는 다양한 통일, 안보 관광지들이 있다. 중국인들은 분단된 남북한의 현실에 대해 많은 관심을 가지고 있다. 그들에게 통일, 안보 관련 관광지를 보여주는 것은 우리나라의 현실을 보여줌으로서 서로 이해의 폭을 넓힌다는 데에서 의미 있는 일이다. 참고로 땅굴 등의 장소를 관람할 때에는 정확하게 예약하고 관람 시간을 준수하는 등 철저한 사전 준비가 필요하다.

N서울타워(구 남산타워)

남산타워는 1969년 TV와 라디오 송출을 하기 위해 대한민국 최초로 세워진 종합 전파탑이다. 그 후 1980년 일반인들에게 공개되어 서울의 명소로 자리 잡게 되었는데 'N서울타워'로 이름을 바꾸고 서울의 복합 문화공간으로 새로 태어났다. 서울의 상징이자, 서울의 아름다운 모습을 한눈에 내려다볼 수 있는 가장 높은 곳이다. N서울타워는 우리나라를 찾은 중국인에게 자유주의 경제의 발전상을 보여주는 랜드마크다. 대한민국은 6.25 한국전쟁 이후 60여년이라는 그 짧은 기간에 세계가 깜짝 놀랄 만한 비약적인 경제적, 문화적 발전을 이루어낸 나라다. 수도 서울을 한눈에 바라볼 수 있는 곳이기에 중국인에게는 새로운 충격이기도 하다.

동대문과 명동

중국인에게 대한민국은 한류와 쇼핑의 나라이다. 자신이 좋아하는 스타들이 프린트된 상품이나 그들이 운영하는 카페 등을 방문하는 것이 중국인이 대한민국을 여행지로 선택하는 대표적인 이유가 된 지 오래다. 동대문 시장에서 느낄 수 있는 자유 시장 경제의 생기, 명동에서 만나는 한류 스타들의 기념품과 한국 드라마에서 볼 수 있던 패션은 중국인을 매료시키기에 충분하다. 특히 요즘은 중국 관광객들이 한국 젊은이들의 트렌드를 알기 위해 이화여대나 홍익대 거리 등을 자주 찾는다.

청와대

중국인에게 청와대는 대한민국의 민주주의를 상징하는 대표성을 갖는다. 죽의 장막이라고도 불렸던 중국의 폐쇄적인 정치 구조와는 다른 대한민국의 민주주의를 느끼게 하는 곳이다. 게다가 청와대는 일반인에게 개방되어 있지 않은가. 한 국가의 최고통수권자가 사는 곳을 일반인에게 개방한다는 사실만으로도, 그리고 그곳을 직접 방문한다는 사실은 중국인에게 대한민국 민주주의에 대한 강한 인상을 남기게 된다.

서대문 형무소

한중 두 나라는 일본의 침략을 받았기 때문에 중국인도 이곳에 오면 한국인과 마찬가지로 일본의 만행을 규탄하게 된다. 한중 두 나라 사람들은 서대문 형무소를 들러 동질감을 갖고 쓰린 근대사에 대한 아픔을 함께 나눌 수 있다. 서대문 형무소의 사형장을 비롯해 지하 옥사, 취조실, 고문실 등을 들러보면 일본이 한중 두 나라에 얼마나 큰 죄를 지었는지 느끼게 된다. 그리고 서대문 형무소에서 유관순, 윤봉길, 안창호 선생 등 많은 독립운동가들이 일제의 고문에도 굴하지 않고 끝까지 대한민국 독립을 외친 것을 보면서 한국인의 강한 민족성에 중국인은 감탄하게 된다.

특히 한중 두 나라 사람들은 최근에도 일본 정부가 일삼고 있는 일본 지도자의 망언, 위안부 문제, 역사교과서 왜곡 등을 문제 삼아 일본 정부에 대한 격한 분노를 표출하고 있다. 중국에도 서대문 형무소와 같은 곳인 랴오닝성 따리엔 뤼순 형무소가 있기 때문에 중국 사람에게 서대문 형무소는 더욱더 깊은 인상을 받는다. 한중 두 나라 사람이 함께 참관하고 문을 나서는 순간 어느새 동지가 되어 있을 것이다.

하루를 바쁘게 서울 근교의 관광지를 돌아보았다면 해질 무렵, 오늘의 관광을 마무리 짓기에 적합한 장소는 야경이 보이는 한강 둔치가 좋다. 한강의 기적이라고도 불리는 대한민국의 경제 발전, 그 현장에서 야경을 벗 삼아 근사한 식사라도 할 수 있다면 당일치기 서울 근교 관광은 대성공이 될 것이다.

한국을 찾은 중국인은 이런 것을 원한다. 중국과 우리나라는 무엇이 다를까. 공통점도 많겠지만 기본적으로 정치와 경제의 체제가 다르고 처해 있는 상황이 다르다. 우리나라를 찾는 중국인의 대부분은 이러한 차이점을 인식하고 있으며, 자신이 생각했던 점을 눈으로 확인하고 싶어 한다.

당장 내일, 당신이 접대해야 할 중국인이 찾아온다면 이것 하나만은 잊지 말자. 내 나라를 찾은 중국인에게 그들이 가지고 있는 것을 대접할 것이 아니라, 그들에게 없는 것으로 새로운 경험을 하게 해주자. 그렇다면 접대는 200% 성공이다!

중국 현지 김보형 변호사의
조심해야 할 중국법

※김보형 변호사는 베이징대 국제정치학과 졸업하고, 미국 TULANE 로스쿨 JD를 졸업했다. 중국 최대 로펌회사인 'KING&WOOD'에서 국제변호사로 활동 중이다.

2008년 장동위라는 사람이 중국에서 체포되었다. 장동위는 튼튼한 중국 상무부 꽌시를 통해 외국 기업의 이런저런 문제를 해결해주는 브로커로 암암리에 정평이 나 있던 중국인 변호사였다. 그런데 관계가 소원해진 내연녀가 장 변호사와 상무부간의 긴밀한 통화 내용을 녹취해뒀다가 공안에 신고해 체포되었다. 장변호사는 6년형에 처해졌고, 관련된 상무부 내 뇌물 수수 혐의로 체포된 궈징위 상무부 순시원(차관급)은 사형을 언도받았다. 이 사건은 세간에서 '꽌시, 돈, 여자 그리고 사형'이 잘 버무려진 종합 이야기 세트로 회자되었다.

보는 관점에 따라 다르겠지만 뇌물 수수로 사형에 처하다니?

살해나 강도 같은 1급 범죄가 아니면 언도하지 않는 우리나라 법률과 많이 달라 의아해할 수도 있다. 하지만 중국 법원은 비리 혐의에 대해 한국보다 엄격한 잣대를 들이대고 있다. 중국 형법 제383조 및 386조에 따르면, 10만 위안 이상의 뇌물 수수를 포함한 심각한 비리는 사형에 처해질 수 있다. 중국에서는 앞서 언급된 궈징위 차관의 경우처럼 실제로 비리가 포착되어 사형이 집행된 사례도 종종 보도되고 있다.

안 되는 일을 되게 해주는 꽌시는 비리와 떼려야 뗄 수 없는 아픈 중국의 현실이다. 따라서 정부의 살벌한 칼날에 이제 중국인들도 섣불리 그런 꽌시는 잘 사용하지 않는다. 거의 성사된 일의 성립 시기를 앞으로 당겨주는 정도이다.

중국 비즈니스의 핵심 꽌시가 오히려 함정

한동안 중국 하면 꽌시라는 단어를 떠올리던 시절이 있었다. 국회도서관에 등재된 석박사 연구논문 중에도 꽌시에 관한 연구가 수두룩하다. '중국을 좀 안다' 하는 사람들이 꽌시가 얼마나 중요한지를 역설하면서 어떻게 하면 좋은 꽌시를 쌓을 수 있는가에 대한 글을 쏟아내기도 했다.

중국에서 꽌시가 모든 것을 해결해주던 시절은 이제 끝났다. 하지만 여전히 꽌시의 중요성을 간과할 수는 없다. 세계 어디나 마찬가지이지만 특히 중국에서는 모든 조건이 동일하다는 전제하에서 마지막 순간 1%의 성공을 결정하는 요소가 바로 꽌시이기 때문이다.

아직 많은 부분에서 제도와 법률이 완비되지 않은 중국에서 꽌시는 공백을 메워주는 역할을 하기도 한다. 그러다 보니 한국의 기업이나 개인 사업가들이 종종 단기간에 어설프게 형성된 검증되지 않은 꽌시만 믿고 성급하게 중국에서 사업을 시작하는 경우가 아직도 많다.

한창 꽌시가 성행하던 시절에도 사실 덕을 봤다는 대부분의 사례를 보면 극히 사소한 부분을 차지한다. 공항출입국관리소를 귀빈통로로 통과했다던가, 남들이 못가는 통제구역을 참관했다던가, 중국 정부 고위층 인사와 사적인 자리에서 잠시 만났다는 정도이다. '내가 중국 가면 얼마나 대접받는지'에 대한 술자리 안주에나 적당한 소소한 일들이 대부분이다. 꽌시 덕에 중국에서 튼튼하게 사업기반을 잡고 큰 돈을 벌었다는 사례는 극히 드물다.

중국에서 변호일을 하다보면 종종 황당한 한국 투자자를 만나는 경우가 있다. 관련 법률과 규정에 근거해 이런저런 장애 요소를 지적하면 중국 파트너가 힘이 있어 다 해결될 것이니 대충 형식만 갖춰달라는 것이다.

이때 이런 요청을 거절하면 변호사가 일을 되게 해줘야지 도리어 막느냐며 불만을 털어놓고 돌아서버린다. 이런 한국 투자자들은 대부분 중국 파트너를 서너 번 만나 술자리에서 오고간 중국인 특유의 허풍에 현혹돼 허황된 비즈니스를 꿈꾸는 경우이다. 마치 대박의 기회를 잡았다는 착각에 빠진 경우인데 참으로 안타까운 일이다.

이런 경우 십중팔구 사업추진 과정에서 다시 찾아와 지적되었던 문제 때문에 일이 중단되었다는 이야기를 전한다. 일만 중단되면 다행이다. 다시 찾아오는 고객의 대부분은 사전 준비자금 등의 명목으로 적지 않은 돈을 투자했기에 그 돈을 다시 찾아달라고 하소연을 한다. 중국에서 사업을 준비하거나 진행하고 있는 한국 기업이나 사업가에게 두 가지를 꼭 명심하라고 전하고 싶다.

첫 번째는 이제 꽌시가 모든 것을 해결하던 시절은 이미 끝났다는 것이다.

두 번째, 어떠한 경우에도 사전 자금을 합법적인 절차 없이 송금해서는 안 된다는 것이다.

최근 자주 접하게 되는 중국 현지 언론의 보도를 보자. 음주 교통사고 또는 폭행 사고 등을 저지르고 '우리 아버지가 누구누구다'라는 꽌시를 내세우며 허세를 부리다 공안에 연행되는 철없는 중국 젊은이들의 기사가 종종 눈에 띈다. 대부분의 경우 여론의 뭇매를 두들겨 맞고 (중국에서도 인터넷 상에서는 거침없는 내용의 게시물을 올리는 '키보드 워리어'의 힘은 대단하다) 사안보다 더 큰 죗값을 치르게 되었다는 결말이다. 철없는 젊은이에 의해 언급된 공무원 아버지 또는 친인척은 공산당 기율부 감사를 통해 또 다른 비리가 들통 나서 교도소로 향하게 된다. 이런 게 바로 꽌시 믿다가 패가망신하는 경우다.

여기서 꽌시에 관한 한 가지 사족을 더 붙이자면, 힘 좋은 꽌시는

'양날의 칼'이라는 점이다. 중국 파트너와 관계가 좋을 때는 그 파트너의 꽌시가 마치 내 것인 양 득의양양한다. 그러나 투자 수익을 눈앞에 두고 분배할 때가 되었다던가, 상황이 좋지 않아 파트너와의 관계가 소원해졌을 때는 그 꽌시가 되려 외국 투자자의 목을 죈다. 꽌시 믿고 합법적인 절차를 건너뛴 경우에는 어디 가서 하소연할 곳도 없다.

꽌시로 유혹하는 중국 비즈니스 파트너 사례

꽌시의 미끼에 현혹되어 쪽박을 찬 사례에 항상 등장하는 것이 중국 파트너의 사전 준비자금 요구다. 대개의 경우 해당 사업을 진행하기 위해서 꽌시가 있는 어느 부서 아무개에게 성의를 보여야 하니, 양측이 반반씩 내자는 제의를 한다.

외국투자자로서 중국에 합법으로 자금이 들여올 수 있는 길은 자본금 납입과 주주대출(주주대출의 경우 일부 산업 분야는 금지됨) 두 가지다. 하지만 아직 회사가 설립되지 않은 사업 초기의 경우 두 방법 모두 자금을 중국 내로 들여오는 것이 불가능하다.

여기서 저지르는 중대한 실수 중 하나가 무턱대고 중국 파트너의 개인 계좌 또는 파트너가 소유한 타기업의 계좌로 자금을 송금하는 것이다. 이때 돈을 받은 후 파트너는 이런저런 용도로 돈을 다 썼으나 사업 추진은 힘들게 되었다고 오리발을 내민다. 심한 경우 조금 더 쓰면 될 것 같다며 자금을 더 보내라고 요구하는 경우도 있다. 물론 이 경우 대개 돈을 거의 찾지 못한다. 파트너를 찾아가서 항의해도 반반씩 냈으니까 자기도 똑같이 손해 봤다는 이야기만 들을 뿐이다.

북경올림픽을 앞둔 2007년 중국 전역에 올림픽 관련 사업이 성황을 이루었다. 한국의 모 기업 역시 중국 정부, 특히 국영 언론사와 꽌시가 돈독해 특정 사업권을 양도받았다는 중국인 S씨의 사업 제안을 받고 나를 찾아왔다. 만약 사실이라면 누구나 탐을 낼 만한 엄청난 사업이었다.

하지만 실사를 해보니 중국인 S씨는 사업권이 몇 단계를 거쳐 자신의 회사로 양도되었다고 주장만 할 뿐 정작 실제 사업권을 가진 국영 언론사로부터 발급 받은 최초 양도 증서를 제공하지 못했다. 자칭 해당 국영 언론사의 고위 간부라는 사람이 식사 자리에 얼굴을 비춘 뒤, 한국 기업에게 시간이 없으니 일단 회사부터 설립하자는 쪽의 제안을 하면서 일이 추진되는 것 같았다.

우여곡절 끝에 법적 구속력이 없는 양해각서를 체결한 뒤, 중국 측은 본 계약이 체결되기도 전에 한화 5억 원 가량의 사전 준비자금을 요구하고 나섰다. 여러 모로 의구심을 가지고 있던 나는 수소문 한 끝에 중국인 S씨가 유사한 방식으로 이미 수차례 한국 기업과 개인을 대상으로 사전 준비자금 명목으로 횡령한 전력이 있음을 알게 되었다. 이 사실을 한국 기업에 알려 송금은 이루어지지 않았다.

며칠 뒤, 해당 국영 언론사 아무개 간부라는 사람에게 내가 속한 법률사무소의 매니징 파트너는 전화를 받았다. 내가 근거 없는 유언비어를 고객에게 전달해 사업을 훼방하고 있다는 항의였다. 노련한 매니징 파트너는 급한 통화 중이니 이름과 직함을 남겨주면 다시 연락하겠다고 했다. 바로 해당 국영 언론사에 전화를 걸어 알아보았지만 예상대로 그런 이름을 가진 간부는 존재하지 않았다.

참고로 중국 외환관리법에는 필요한 경우 사전 준비자금을 합법적으로 융통할 수 있는 규정이 있다. 회사 설립 전 외환관리국의 비준을 통해 준비금 계좌를 개설하여 10만 달러 또는 사업 총 투자액의 5% 한도 내에서 사전 준비금을 지출하면 된다. 그렇게 해당 준비금 계좌로 송금된 금액은 회사 설립 후 자본금으로 인정받을 수 있다.

능력 있고 수완 좋은 중국 파트너를 만나 중국 사업이 술술 다 풀리면 얼마나 좋겠는가. 하지만 믿을 수 있는 꽌시는 하루아침에 이뤄지지 않는다. 중국 시장에서 오랫동안 버틴, 경험 많은 영미 기업들은 기업의 오너 급이 수시로 중국을 오가며 꽌시 형성에 공을 들인다. 그리고 한 번 발령받은 중국 내 경영진은 10년 내지 20년을 중국에 머물면서 중국인처럼 동화되어간다.

반면 한국 기업의 오너들은 1년에 한 차례 정도 이벤트성의 방문에 그치는 것이 대부분이다. 중국 내 한국 기업의 경영진은 3~4년이 멀다 하고 교체되는 통에 오래된 꽌시를 형성하지 못하고 있다. 짧은 기간 동안 현지에서 성과를 이루어야 하기 때문에 단기간에 형성된 꽌시를 믿고 제대로 된 검증도 없이 올인하기 일쑤다. 이런 성급한 전략의 결과로 돌아오는 것은 손해와 실패다. 성공 확률에 1%를 보태줄 꽌시는 절대 로또가 아니다. 오랜 기간의 준비를 통해 신뢰를 바탕으로 숙성되어 발휘되는 것이다.

강광문 교수의
모르면 피해보기 쉬운 중국법

※강광문 교수는 베이징대학교 국제정치학과를 졸업하고 일본 도쿄대학에서 법학 박사학위를 취득했다. 현재 서울대학교 법과대학 법학전문대학원 교수로 있다.

앞에 글에서 중국에서의 비즈니스에 대한 중국법, 즉 기업적인 측면에서 살펴보았다면 이번에는 개인적으로 꼭 알아야 할 법을 살펴보자. 순간적인 실수로 피해를 보는 경우가 많기에 반드시 염두에 두었으면 한다.

부끄러운 성매매, 큰 화를 초래한다

먼저 중국에서는 무엇보다 여자 문제를 조심해야 한다. 즉 성 매수가 범죄는 아니지만 한국에 비해 더욱 엄중한 처벌을 받을 수 있다. 중국에서 성 매수가 범죄행위에 속하지 않는다고 하면 많은 사람들이 의아해한다. 사회주의 국가인 중국에서 성매매, 성 매수가 범죄에 속하지 않는다면 중국 공안 당국에 적발되어 처벌받은 한국인 관련 보도는 어떻게 된 것인가? 우선 한국에서는 성매매가 불법이기 때문에 성을 사는 사람과 파는 사람 모두를 형벌로 처벌한다.

이에 비해 중국은 특수한 경우를 제외한 일반적인 성매매 자체를 범죄 행위로 보지 않는다. 성매매에 관련한 중국 형법의 규정을 보면, 14세 이하의 미성년 여성과 성매매를 하거나 자신이 매독이나 임질 등 성병에 걸린 사실을 알면서도 성매매 행위에 했을 경우에만 형벌을 받는다(중국 형법 360조). 그 외에 성매매를 조직하거나 타인을 강박하여 성매매에 종사하게 하는 행위, 타인을 성매매에 유인하거나 소개하는 행위도 처벌을 받게 되어 있다(중국 형법 358조, 359조). 그러나 중국에서 일반적인 성매매 행위가 범죄로서 형사처분을 받지 않는다고 해서 합법적인 행위로 볼 수는 없다. 아무 처벌을 받지 않는 것도 아니다.

한국과 일본 등의 법과 비교할 경우 중국에서의 성매매 관련된 범죄와 형벌의 범위를 좁게 제한하고 있다. 그리고 범죄와 별도로 광범위한 위법행위로 규정해 공안기관이 독자적인 판단하에 치안관리처벌(행정처벌)를 부과할 수 있게 했다. 치안관리처벌에는 구체적으로 경고, 벌금, 행정구류, 허가증 취소가 있고, 외국인에 대해서는 기한부 출국 명령과 국외 추방을 추가할 수 있다(중국 치안관리처벌법 10조). 구체적인 성매매 행위에 대해서는 공안기관에서 10일 이상 15일 이하의 구류와 5,000위안 이하의 벌금을 부과한다(66조).

따라서 한국인 남성이 중국에서 성 매수 행위로 적발될 경우 초범의 경우라도 현지 공안기관에 의하여 15일 이하의 행정구류로 인한 구치소 수감이나 벌금 또는 국외 추방의 처벌을 받을 수 있다. 이는 일반적으로 성 매수 남성에 대해 기소유예 처분을 부과하는 한국에 비해 매우 엄한 처벌이라고 볼 수 있다.

이렇게 중국에서 성매매가 범죄에 속하지 않고 행정처벌의 일종으로 간주되어 있기 때문에 공안기관이 검찰원이나 법원을 통제를 받지 않고 단독으로 처벌 결정을 내릴 수 있다. 공안기관이 피의자의 인신 자유를 제한할 수 있는 광범위한 재량권이 주어지는 셈이다.

일반적으로 한국인은 중국에서 가라오케에 갔다가 2차로 나가는 형식으로 매춘 사건에 휘말려들게 된다. 그리고 대부분 한국인의 경우 공안기관에 구속된 상태에서 겁을 먹고는 거액의 벌금을 내고 나오게 된다. 요즘에는 이런 벌금을 노리고 현지 공안기관과 짜고 한국인을 성매매 업소로 유인하거나 알선하는 이들도 나타나고 있다. 그뿐만 아니라 개인적인 복수를 목적으로 공안기관에 한국인 성매매 사실을 고발하거나, 공안을 사칭해 성 매수 외국인을 감금하고 여권을 빼앗아 협박하는 사건도 종종 발생하고 있다.

중국에서는 애초에 성매매 사건에 휘말려 들지 않도록 각별히 조심해야 한다. 특히 대대적인 범죄 단속 및 소탕을 의미하는 '옌다(严打)' 등 각 지역의 성매매 특별 단속 기간에는 더욱 신경을 써야 한다.

중국에서 금전 거래 이렇게 하라

다음은 금전 거래 문제다. 만약 중국인들과 금전 거래를 해야 한다면 반드시 충분한 증거를 확보해두어야 한다. 정상적인 금전 거래임에도 불구하고 증빙하지 못해서 경제 사기죄로 몰려 중국 공안에 구속되거나 출국 정지를 당하는 한국 사람을 목격한 적이 있다. 한국과 마찬가지로 중국에서도 정상적인 채권채무 관계와 경제 사기 범죄의 경계가 모호할 때가 많다.

領收證

今从某某处收到 元。特此证明。

2011年 0月 0日

영수증

아무개로부터 얼마만큼의 돈을 받았음을 증명한다.

2011년 0월 0일

이렇게 위와 같이 간단한 영수증을 쓰고 돈을 받았지만 사기죄로 몰려 공안기관에 소환통보를 받거나 여권을 압수당하는 일이 발생한다. 그 돈이 어떤 돈인지 구체적인 내용이 기재되지 않았고 이를 입증할 제3자가 없을 경우 양측의 진술이 엇갈리게 되는데 이때 외국인이 불리한 상황에 놓이게 되는 경우가 많다. 고발자가 현지 공안과 결탁해 있다면 외국인은 더욱 불리한 처지에 빠질 수 있다.

따라서 금전 거래의 경우 그 사유 등에 대해 구체적으로 기재하여 증거로 남길 필요가 있다. 돈을 받을 경우 그 돈이 정상적인 민사 거래 행위의 일환이라는 점을 명기하고 관련된 채권채무관계를 함께 명확히 할 필요가 있다.

"상기 금액을 어떠한 사유에 근거하여 받는다."

"상기 금전은 구체적으로 언제 상환할 것이다. 상환이 불가능할 경우 이렇게 처리한다."

"상기 금전거래에 대하여 양측은 충분한 합의가 있었고, 이에 동의한다."

즉 구체적인 증거 서류와 더불어 제3자 증인을 세우고, 금액이 클 경우에는 관련 기관의 공증도 확보해두어야 한다.

반대로 돈을 줄 경우에도 마찬가지이다. 구체적인 증거 서류나 증인을 확보해야 한다. 특히 돈을 빌려줄 경우 향후의 순조로운 상환을 위해 주소와 재산 상황 등 상대방에 대한 구체적인 정보를 파악하여 기재해야 한다. 통장 입금 기록 등의 서류도 함께 준비해놓는 것이 좋다. 당연히 가능하다면 연대보증을 세우는 것도 필요하다. 한마디로 중국에서 금전거래를 할 때는 외국인으로서 사기죄 등 형사사건에 휘말리지 않도록 특별히 조심해야 한다.

태평양시대 한중관계의 미래를 위하여

★ 언제부터인가 중국이 달리 보이기 시작했다. 중국은 내가 20여 년 전 중국 유학시절 느꼈던 무기력했던 나라가 아니다. 중국의 외교 정책을 보면 그 변화가 적나라하다.

마오쩌둥은 '굴을 깊게 파고, 식량을 비축하며, 패권자라 칭하지 말라(深挖洞 廣積糧 不稱霸)'고 했다. 덩샤오핑은 '빛을 감춰 밖으로 새지 않도록 하면서 은밀하게 힘을 가른다(韜光養晦)'라는 정책을 폈다. 그 이후 경제적 성장을 이룬 중국은 장쩌민 집권기에는 '대국으로서 책임지는 자세를 보이겠다(有所作爲)'며 서서히 자신의 입장을 드러내기 시작했다. 그리고 지금의 후진타오 체제는 '평화적인 방법으로 우뚝 서겠다(和平崛起)'는 외교정책을 천명하고 뒤이어 '거침없이 상대를 압박한다(咄咄逼人)'는 입장을 내세우고 있다.

여기서 의미심장한 이야기를 하나 소개할까 한다. 몇 년 전 중국 후

베이성의 이창시(宜昌, 의창)를 방문한 적이 있었다. 그때 이창시 당서기가 내게 농담을 건넨 적이 있다.

"김영호 위원장이 지난 국회의원 선거에서 낙선했다는 얘기를 들었습니다. 우리가 김 위원장을 도와주고 싶어서 그러는데 다음 총선을 앞두고 이창시 시민 4만 명을 서울 서대문구 지역으로 잠시 보내서 김 위원장한테 투표하라고 할까요?"

"하하하!"

내가 웃자 자신의 비서를 향해 이렇게 말하는 것이 아닌가.

"이창 시민 4만명쯤을 한국에 보내는 데 문제없겠지요?"

당서기의 너스레를 떠는 얘기였지만 나는 순간 머리가 멍해졌다. 그 순간만큼은 정말 중국, 중국인이 무섭게 느껴졌다. 그리고 지금은 그런 중국이 우리에게 어떻게 다가올지 여러 가지 생각에 잠기기도 한다.

요즘 한국 여행업계는 중국 손님으로 성황을 이룬다고 한다. 제주도를 방문한 중국을 포함한 중화권 관광객이 1,000만 명을 앞두고 있고, 얼마 전 중국의 바오젠이란 기업의 직원들이 제주도를 찾았는데 그 인원이 무려 1만 1,000명이었다. 만약 두 나라 국민들이 무비자로 왕래하게 된다면 서울은 중국인 관광객들로 몸살을 겪을지도 모른다. 관광 사업은 엄청난 호황을 누리겠지만 한편으로는 어마어마하게 밀려 들어오는 중국 관광객을 생각해보면 이창시 서기가 농담으로 던졌던 말이 그냥 단지 우스갯소리로만 들리지 않는다.

한마디로 굴을 깊게 파고 빛을 감추듯 은밀하게 힘을 기르고는 대국으로서 책임지겠다는 입장을 밝히더니 이제는 평화적인 방법으로 우뚝 서겠다는 나라가 중국이다. 더욱이 거침없이 상대를 압박하겠다고 서슴없이 밝히는 나라도 중국이다. 그런 중국이 대한민국 지척에 있다고 생각하니 중국을 제대로 아는 것이야말로 대한민국의 미래를 푸는 것이 아닐까 싶다.

지금 한중 양국은 정치, 경제, 문화 등 많은 분야에서 눈부신 교류를 하고 있다. 그중 경제 분야의 성과가 두드러진다. 1992년 한중 수교 이후 중국은 우리나라에게 해마다 무역흑자를 보이고 있다. 한중 무역은 국교 정상화를 계기로 교역이 확대되면서 수출입 규모가 크게 높아졌다. 중국은 미국과 일본을 제치고 한국의 최대 수출 국가다. 2010년 한중간 인적 교류는 거의 600만 명에 달했고, 중국 측 기준으로 양국 간 교역량은 2,000억 달러를 넘어섰다. 따라서 개별 통상 현안이 전체적인 통상 분쟁으로 확대되지 않도록 신중한 중국 통상정책이 필요한 시점이기도 하다.

그런데 혹시 우리가 이 같은 한중 관계를 정치권에서 제대로 못 듣고 있는 건 아닌지 걱정이다. 매일 중국이란 나라에 관련된 뉴스가 홍수처럼 밀려 들어오지만 우리 정치권은 말로만 중국이 중요하다고 말하지 정작 소홀히 하고 있는 것은 아닌지 답답하다.

이제 한중 외교는 기본 틀부터 바꾸어야 할 때이다. 두 나라의 외교가 외교부 대 외교부로 이뤄지는 단순 외교를 뛰어넘어 대한민국 국회가 직접 나서는 '의원 외교 시대'가 열려야 할 것이다. 우리나라 국회의원들이 중국 정치지도자들을 만나 적극적인 교류를 해야 한다.

그래서 중국 최고 고위층인 정치국 상무위원을 비롯한 중앙정치국 위원 등과의 만남을 통해 양국의 산적한 현안에 대해 서로의 머리를 맞대고 하나 둘씩 풀어나갈 때 한중 두 나라의 새로운 외교 관계가 정립될 것이다.

그러기 위해서는 우리나라 국회의원 299명 중에 중국 전문 국회의원이 포진해 있어야 한다. 지금이야말로 중국어를 잘하는 정치인, 중국학을 전공한 국회의원 뿐만 아니라 올바른 역사의식과 시대정신을 겸비하고 있는 가슴 뜨거운 중국 전문가가 필요한 때다.

그렇게 하기 위해서는 우리 정부와 기업들이 표면적인 중국 전문가를 양성하는 수준에서 벗어나 진정한 중국 전문가 양성 프로그램을 가동해야 한다. 즉, 중국 대륙 전체를 아우르려는 무모함을 접고 각 지역과 성을 나누어 전략적으로 인재를 교육하고 파견할 필요가 있다. 그래야 보다 긴밀하고 구체적인 이해를 바탕으로 양국의 '차이'를 이해하고 서로 존중할 수 있을 테고, 비로소 양국은 실질적인 동반자 관계를 맺을 수 있을 것이다. 결국 외교는 정치, 외교, 비즈니스 모두 사람이 하는 것이라는 것을 잊지 말아야 한다.

《중국, 차이를 알면 열린다》를 출간하면서 나는 향후 한중 관계의 진정한 발전을 위해 노력해야겠다는 다짐을 한다. 이것이 다가 올 미래에 '내가 잘 할 수 있고 또는 해 내야할 시대적 책임과 소명'이라는 느낌 또한 강하게 받았다. 이제 세계는 독자생존이란 없다. 태평양 시대에 한중 관계에 내가 할 수 있는 모든 역량을 바치고 싶을 뿐이다.